나는 파리에서
당당하게 사는 법을 배웠다

서른, 후회없는 젊은 날의 선택!

# 나는 파리에서 당당하게 사는 법을 배웠다

김소라 지음

슬로디미디어

METRO
Pont
Enjoy a Sightseeing Tour of

contents

1
스물다섯,
대한민국을 떠나
프랑스로 가다

## 2
## 서른에 하는 공부가 진짜 공부다

## 3
## 미래는 내가 생각하는 대로 된다

4
## 일단 일어서기만 하면 삶은 다시 시작된다

5
## 당신이 선택한 길이 모든 것을 바꾼다

# prologue

"누나 나 이렇게 살아도 되는 걸까? 회사 다니면서 많이 배우고 인맥도 늘겠지만, 더 늦기 전에 바깥세상을 구경해보고 싶어."

평소에 가족들에게 힘든 티를 내지 않는 남동생의 문자를 읽고서 한참 동안 깊은 생각에 잠겼다. 내가 파리에서 갓 일을 시작했을 무렵 동생은 프랑스 남부 엑상프로방스 지방에 교환학생으로 왔었다. 프랑스어를 한마디도 못 했던 동생은 일상생활은 불편했어도 프랑스식 자유를 몸에 익혀갔다. 그렇게 사회인이 된 동생은 프랑스에서 유학생으로 정착해서 직장인이 된 나의 삶을 지켜보면서 한국의 직장인 삶과는 다르다는 것을 매일 느꼈다. 당연하게 누려야 할 권리들을 누리지 못하면서 부당함을 개인이 삭혀야 하는 한국의 사회구조를 보면서 사랑하는 동생을 위해 나는 무언가를 해야 하는 의무감이 생겼다.

그러나 내 주위에는 남동생 같은 동생들이 한 둘이 아니었다. 이미 한 번씩은 유학을 다녀왔거나, 여행을 통해 간접적으로 자유를 맛보았다가 한국으로 돌아가서 갈 길을 잃은 동생들이 매번 나를 찾아왔다. 프랑스로 유학을 오고 싶어 하는 친구들, 현재 프랑스에서 유학 생활을 하면서 프랑스에서 일하고 싶은 친구들, 한국에서 직장생활을 하고 있지만 프랑스의 직장생활이 부러운 친구들의 끊임없는 궁금증을 한 번에 해소할 길은 단 한 가지였다. 내가 가진 경험을 글로 써서 방향을 제시하고, 내가 겪은 시행착오를 최소한으로 줄여주는 것이었다.

파리는 첫 눈에 봐도 정말 구석구석 아름답다. 하지만 겉의 화려함만 보고 이 도시에 머물다간 속았다는 느낌을 받을 수도 있다. 사실 한 번씩 프랑스를 여행해봤던 독자분들이라면 프랑스의 삶이 불편하다는 것도 알 것이다. 하지만 프랑스는 오랫동안 지켜봐야 그 진가를 알 수 있다. 가능하다면 사계절 동안 희로애락을 다 겪어 봤으면 좋겠다. 프랑스를 충분히 이해하는 시간이 있어야 프랑스인들과 똑같이 누리는 권리들에 감사함을 느낄 수 있기 때문이다.

나 또한 2년의 석사과정 동안 프랑스의 교육을 받으면서 프랑스에 적응할 힘을 키워나갔다. 언어 실력을 연마했고, 프랑스 내에서도 경쟁력 있는 인재가 되기 위해 프랑스인들보다 두세 배로 더 열심히 노력했다. 그런데 내가 프랑스에 취직을 시도하려고 할 때만 해도 나를 이끌어 줄 사람이 많이 없었다. 유학생 대부분은 취업할 수 있는 정보를 찾지 못하거나, 기다림에 지쳐 한 둘씩 돌아갔다. 이 책에는 혼자 부딪혀가며 찾아냈던 해결책을 담았다.

프랑스에서 경제활동을 하면서 나는 진정한 '나로 살아가는 기쁨'을 맛보고 있다. 나로 살아간다는 것은 내가 무엇을 좋아하고, 어떤 것을 하고 싶고, 어떤 방향으로 나아가길 원하는지 정확히 알고 있다는 뜻이다. 그 방향을 잡지 못하고 갈팡질팡 하고 있다면 나를 돌아보는 절대적인 시간이 부족하다는 뜻이다. 일과 개인의 삶의 균형을 제도적으로 탄탄하게 지켜주는 나라에 산다는 것은 크나큰 축복이다.

세계는 무한히 넓고, 삶의 방식은 다양하다. 나도 공부를 위해, 봉사 활동을 위해 여러 나라를 옮겨 다니며 가장 큰 자유를 선사할 수 있는 곳에 나의 둥지를 틀었다. 프랑스는 지금의 여기에서 행복할 수 있도록 깨닫게 해 준 연습의 장이었다. 독자분들에게 내게 꼭 맞는 자유를 찾아가는 여정을 선물해주는 책이길 바란다.

파리에서

글쓴이 김소라

1

# **스물다섯,**
# **대한민국**을 떠나
# **프랑스**로 가다

METRO
Enjoy a Sightseeing Tour of

001

# 나는 과연 **잘 살고** 있는 걸까?

내가 초등학교에 입학했을 당시 등굣길에 논밭이 있었다. 비가 오거나 눈이 오는 날에 괜히 지름길을 선택했다가 논밭에 빠져서 온몸이 진흙투성이가 된 적이 한두 번이 아니었다. 지금은 그때의 추억을 같이한 친구들과 웃으면서 이야기지만 나는 논두렁에서 도롱뇽을 잡고 뒷산에서 산토끼를 쫓아다니면서 학창시절을 보낼 정도로 작은 동네에서 자랐다. 개천에서 용 날 방법은 공부를 잘하는 것뿐이었다. 그래서 공부를 잘하는 게 내가 할 수 있는 최고의 성공이라 생각했다.

부모님은 방 한구석에 항상 지구본을 놓아두셨다. 비록 개천의 용도 아닌 개구리에 불과할지라도 나의 무대는 항상 지구본 위의 세상에 있다고 믿었다. 젊은 시절 미군 장교의 통역병으로 지낸 할아버지는 내게 매일 아침저녁으로 영어 동요를 가르쳐 주셨다. 그래서 한글을 배울 때쯤 영어도 같이 배웠다. 아주 이른 조기 외국어 교육 덕인지 외국어에 남다른 재능을 보였다. 주변 사람들이 아무도 영어를 사용하지 않더라도 나의 주 무대가 될 곳에선 꼭 필요한 언어임을 어렴풋이 인지하고 있었다.

중학교에 입학할 당시에도 여전히 입학 평준화가 되지 않은 지역에 살았다. 그래서 초등학생 때부터 입시를 위해 철저하게 맞춰진 교육을 받았다. 우리 가족은 그때 산을 깎아 만든 아파트 단지 중턱에 살고 있었다. 새벽같이 일어나 산 정상쯤에 있는 아파트 단지까지 걸어 올라가 한자를 배우곤 했다. 부모님은 초등학생 큰 딸이 천자문을 읽을 수 있다는 사실에 대단한 자부심을 느끼고 계셨다. 입시 공부를 잘하는 것은 물론 더불어 소양도 갖추는 것도 기본적으로 중요시하는 것도 집안 내력이었다.

경쟁을 뚫고 입학한 중학교에서 고등학교를 입학할 때도 여전히 평준화가 이뤄지지 않았다. 학교 수업이 끝나자마자 학원으로 이동하는 차 안에서 끼니를 때우는 건 당연한 풍경이었다. 방학은 그동안 지친 심신을 회복하는 기간이 아니었다. 오히려 몇 년 치를 선행학습할 수 있는 절호의 기회였다. 명절과 중요한 가족 행사보다도 공부가 우선인 게 특권인 양 살았다. 공부하라고 강요하지는 않았지만, 당시 유행하던 '공부가 제일 쉬웠어요'라고 말한 저자의 말을 따라 할 때 부모님은 안도의 표정을 지었다.

공부를 인생의 최우선 순위로 둔 큰딸은 집안의 자랑이자 엄친딸의 표적이 되었다. 학생으로서 공부를 위해 살고 공부를 위해 죽는 게 맞는다고 철석같이 믿었다. '3당 4락, 4당 5락'이 너무나도 자연스럽게 생활에 녹아들었다. 쉬는 시간 10분도 놓치지 않고 공부 계획에 넣었다. 부모님의 기대와 나의 기준치에 매일같이 채찍질 당해도 그게 당연하다고 생각했다.

꼬박 대학 입학 전까지 10년 동안 입시를 치렀다. 대학 입학을 위해 상경했으니 10년 동안 노력의 성과는 어느 정도 거둔 셈이었다. 오랫동안 이어온 경쟁과 시험에 지칠 대로 지쳐있었다. 숨을 좀 돌리고 싶었다. 그래서 입시 내내 해보지 못한 자유를 누렸다. 완벽한 일탈의 이유가 되기도 했다. 공부만 한 착한 학생 역할을 종결짓고 완벽하게 자유롭게 살리라 마음먹었다.

돌이켜 보니 내 10대의 추억이 많이 없다. 평일과 주말을 통틀어 학교, 학원, 독서실, 집이 전부였다. 가출 한 번 하지 않은 무탈한 딸이었다. 그러니 20대에 처음 누렸던 그 자유의 맛은 잊을 수가 없다. 우선 계절의 흐름에 반응할 여유가 생겼다. 봄이 온다 하면 수업도 제쳐두고 버선발로 뛰어나가 벚꽃을 찾아다녔다. 여름이면 동기들과 함께 계곡으로, 바다로 그렇게 청춘의 자유를 울부짖으며 열심히 놀았다. 거절할 수 없는 선배의 술을 받아먹다가 지하철에서 실수해서 친구들을 당황하게 했던 기억도 있다. 힘들고 지친 학창시절을 보상받아야 한다는 듯이 그렇게 자유를 만끽하며 살았다.

1년은 누릴 수 자유의 최고치를 다 누리고 살았다. 아무 생각 없이 1년을 보내고 나니 막상 두려움이 엄습했다. '이렇게 4년을 지내고 나면 과연 이루고 싶은 꿈을 이룰 수 있는 걸까'라는 생각이 나를 사로잡았다. 그길로 당장 편입학원에 상담을 받으러 갔다. 그렇게 나는 두 팔 벌리면 양손끝이 닿는 한 평도 안 되는 고시원에 터를 잡았다. 당시 편입 경쟁률을 기사로 접한 부모님은 나의 선택을 극구 말렸다. 하지만 사회는 나의 졸업장을 반기지 않을 것 같았다. 그 길로 나는 다른 입시 전쟁으로 자발적으로 들어갔다.

여느 대한민국의 고3 못지않게 치열한 삶이 다시 시작되었다. 전쟁 같은 일 년이 끝나고 나면 분명 삶이 달라질 것만 같았다. 시간을 아끼고 싶었던 터라 대학 생활 2년 차에 편입을 동시에 준비했다. 새벽 5시, 혹여나 옆방 사람에게 방해가 될까 쥐 죽은 듯이 아침을 시작했다. 칠흑같이 어두운 새벽에 학원에 도착하여 졸린 눈을 비비며 수업을 들었다. 아침 수업이 끝나면 학교 수업에 늦지 않으려고 부랴부랴 짐을 챙겨서 학원을 떠났다.

학교에 가는 지하철 안에서, 밥을 먹는 동안에도 영어 단어를 손에서 놓지 않았다. 공부를 마치고 새벽에 고시원으로 돌아오면 편하지도 않은 잠자리에 겨우 두 발만 겨우 뻗은 채 잠이 들었다.

경험해보았던 일상의 자유를 박탈당하니 더 괴로웠다.

'나는 과연 잘살고 있는 걸까?'

그러고 보니 살면서 자유롭다고 느낀 날보다 자유를 유예하는 날이 압도적으로 더 많았다. 왜 원하는 결과를 얻을 때만 자유가 누릴 수 있는 걸까? 억울하지 않은가. 대부분 대한민국의 아이들에게 행복은 조건부이다. 어른들은 시험을 잘 보거나 혹은 원하는 학교에 입학하거나, 좋은 회사에 취직하면 행복은 저절로 찾아올 거라 한다. 나 자신도 그렇게 오랫동안 다독였다. 서른 즈음에 어른이 되고 보니 어른들의 전형적인 레퍼토리인 걸 깨달았다.

이제는 쳇바퀴 다람쥐처럼 끊임없이 목적을 달성해도 다음 과제가 있다는 걸 안다. 취직이 해결되면 회사 내부에서 승진하기 위해 또 경쟁해야 한다. 결혼 적령기에 결혼해야 하고, 여자들은 출산 적령기가 되면 아이를 낳으라고 요구받는다. 온 국민이 삶의 설명서라도 정해진 것처럼 끊임없이 주문하고 주문받는다. 이상하게 우리는 같은 궤도를 살 때 안전하다고 느끼고, 옳다고 생각한다.

그런데 과제를 달성하는 과정이 힘이 든다. 서로가 아픈 걸 알지만 외면하는 사회다. 수능시험 결과에 절망하여 아이들이 자살해도 수십 년째 교육 환경이 개선되지 않는다. 비정규직의 절실함을 알아도 같은 정규직이 되는 건 불공평하다고 외친다. 상사의 언어폭력과 불합리함에 시달리면서도 승진을 위해 참는 게 유일한 길이라고 생각한다. 본인의 자식은 사회에 나가 존중받고 사랑받길 바라면서 부하직원에게는 언어 융단폭격을 가한다. 아이는 낳으라고 하면서 출산휴가, 육아휴직을 이용하는 사람은 안절부절못하게 만든다.

나는 철저하게 사회가 만들어둔 틀 안에서 과제를 수행할 때마다 제한된 자유만을 누릴 수 있었다. 같은 방향을 살아야 안전하다고 말하는 곳에서 잠깐 얻을 수 있는 자유가 전부인 줄 알았다. 그런데 인생에는 수많은 삶의 방식이 존재했다. 내게 주어진 젊음을 특권으로 부단히 여러 나라를 돌아다녔다. 지구본에 있던 수많은 국가는 제각기 다른 방식으로 자유를 누리고 있었다. 그리고 감사하게도 나는 프랑스에서 진정한 자유를 찾기 시작했다.

002

# 대한민국은 지금 **교육위기에** 처했다

10년이 지나면 강산도 변한다는데, 한국의 교육 상황도 나아지리라 믿었다. 그런데 대한민국의 교육 현실을 보고 있자니 여전히 숨이 막힌다. 교육제도가 개선되고 있어도 내가 겪어온 학창시절보다 경쟁이 더 심해지고 있다. 삶의 양상은 하루 달리 변하고 있는데 갈대 잃은 어른들의 교육방침에 아이들이 여느 때보다 더 심하게 흔들리고 있다. 미디어에서는 4차 산업혁명이 진행되면서 로봇과 인공지능이 우리의 삶의 양상을 바꿀 거라고 강조한다. 하지만 어른들도 아직 살아보지 않은 미래를 매일 처음 겪다 보니 원래 살아온 대로 아이들에게 똑같은 방법을 대물려 줄 수밖에 없다.

클라우스 슈밥은 《제 4차 산업혁명》 책에서 이렇게 말한다.

"현재의 지식 정보 관련 기술혁신 속도를 고려할 때 지금 초등학교에 입학하는 아동이 사회에 나와 갖게 될 일자리의 거의 70%가 현재 존재하지도 않는 전혀 새로운 일자리가 되는 시대가 올 것이라는 전문가의 의견이 있다."

한국의 전통적인 주입식 교육 방법은 달라져야 한다. 대부분의 암기할 수 있는 지식은 로봇들이 충분히 대체 가능할지도 모른다. 지식을 바탕으로 사고하여 글과 말로 표현 수 있는 능력이 더욱더 강조되는 시대이다. 그런데도 우리는 아직 일방적으로 가르친 것을 암기한 수준으로만 평가한다.

신기하게 나는 글을 쓰고 있지만, 수능시험 중 언어영역 점수가 가장 안 좋은 아이였다. 고작 20년도 안 살아본 인생인데 수업에선 겪어보지 못한 걸 지속해서 머릿속에 지속해서 주입 시켰다. 작가가 경험한 시련의 아픔, 죽음의 고통, 전쟁의 피폐함은 내 삶과 거리가 너무 멀어 보였다. 공감이 부족한 상태에서 무조건 외우라고만 하는 가르침이 싫었다. 나의 경험치로는 작가의 의도한 바를 깨닫기 부족한 수준이었기 때문이다. 독자의 경험과 개인의 판단으로 문학작품을 이해하는 건 달라질 수 있는 것이 아닌가. 그래서 작가의 의도를 오지선다형에서 꼭 한 개만 고를 수밖에 없는 교육 현실에 반항하고 싶었다.

대학에 입학하기 위해 속성으로 논술 과외를 받은 적이 있다.

그전까진 '너 자신을 알라'라고 말한 서양의 철학가가 소크라테스라는 걸 선택지에서 고르는 능력만 배웠다. 그런데 평가 기준이 바뀌는 동시에 논술을 써서 대학에 나를 알려야 했다. 참 우스운 일이었다. 하루아침에 사고하는 능력을 배양하여 글을 쓸 수는 없는 노릇이었다.

반면에 나는 영어를 참 잘하는 아이였다. 하지만 내가 살았던 도시에서는 영어를 쓸 일이 거의 손에 꼽았다. 그래서 부모님은 기회를 만들어 학교 울타리 밖에서도 영어를 배울 수 있도록 지속해서 환경을 만들어 주셨다. 아이에게 심어진 동기부여와 환경이 동시에 이뤄졌을 때 교육의 효과는 최고치가 된다는 걸 일찍부터 아셨기 때문이다.

미국인 가정을 집으로 초대해 홈스테이를 한 적이 있다. 미국으로 입양을 간 한국인 언니와 그 가족을 우리 집에서 꼬박 1주일을 보냈다. 당시 나는 여덟 살이었다. 발음할 수 있는 영어 단어를 총동원해 언니의 가족과 일주일 동안 겨우 소통을 했다. 물어볼 수 있는 거라곤 고작 잠은 잘 잤는지, 배가 고프지 않은 지, 피곤하지 않은 지였다.

입양을 간 언니는 나보다 두 살이 많았다. 입양한 가족은 따듯하고 정이 많으신 분들이었다. 그래서 매년 언니를 한국으로 데려와 한국 문화를 익히게 하고 지방 곳곳 구경을 시켜주셨다. 당시에 언니에게 물어보고 싶었지만 물어보지 못했던 게 생생하게 기억난다. 잘 지내는 듯 보이지만 혹시 언니가 엄마를 그리워하지 않은 지, 혼자 미국에서 외롭지 않은지 물어보고 싶었다.

나는 속으로 '언니가 힘들면 나한테 이야기해도 돼'라고 되뇌었다. 영어를 자유롭게 구사하지 못하는 나는 속으로 하고 싶은 말을 삭혔다. 결국, 물어보지 못했다. 어차피 나에게 말해도 이해하지 못할 게 뻔했으니 말이다. 그래도 언니의 마음을 헤아리고 싶었다. 내가 영어를 무엇보다 열심히 배웠던 이유는 바로 이 이유였다. 종이 사전 없이, 아빠의 통역 없이 언니와 직접 이야기하고 싶었다. 나는 입시 전쟁을 치르는 동안도 항상 영어가 우선순위였다.

시간이 흘러 20년이 지나 파리에서 유학하던 당시 파리로 출장을 온 언니와 재회했다. 20대 초반을 훌쩍 넘긴 두 어른이 만났다. 언니는 나에게 그동안 엄마를 찾아 헤매던 이야기를 해주었다. 오랫동안 낳아주신 친엄마가 궁금했고 만나보고 싶었다고 했다. 친엄마를 찾는데 시간이 참 오래 걸렸지만, 그 이후에 만나기도 쉽지 않았다고 했다. 언니의 친엄마에겐 딸을 멀리 미국으로 입양 보낸 것이 크나큰 아픔이고 상처였기 때문이다.

덤덤하게 언니는 말을 이어나갔다. 엄마에겐 이미 다른 가정이 생겼고, 언니를 친 딸로 소개할 수 없었지만 그래도 엄마를 만나서 행복했다고 말했다. 봄기운이 물씬 들 때라 야외 테라스에 앉아 햇빛을 만끽할 수 있던 날이었다. 햇빛은 매우 찬란했는데 눈물이 마르지 않았다. 같이 우는 것 외에 아무것도 위로해줄 수 없었다. 서로의 성장 과정을 아는 두 사람이 20년 만에 완벽하게 소통을 할 수 있다는 것이 감사할 따름이었다. 언니의 마음을 20년 만에 처음으로 들을 수 있었다. 그 순간 전자사전도 번역기도 필요하지 않았다. 비로소 내가 20년 넘게 영어를 공부한 목적이 달성된 순간이었다. 나에겐 배움이란 누군가를 헤아릴 수 있는 이해의 폭을 넓히는 것이었다.

우리는 아직 4차 산업혁명 시대가 우리의 삶을 어떻게 변화시킬지 정확히 알지 못한다. 하지만 많은 전문가가 추측하는 것처럼 한 가지는 미리 알 수 있다. 사람의 지식과 상상력이 합쳐져 재창조되는 영역은 로봇의 침투를 가장 늦출 수 있다는 걸 안다. 대한민국, 공부 방식 바뀌어야 한다. 일방적으로 가르쳐 오지 선다형에서 정답을 골라내는 능력은 로봇이 한 치의 오차도 없이 수행할 수 있는 능력이다. 아이들을 매일같이 경쟁으로 내 몰아치고 경쟁하는 교육에서 탈피해야 한다.

흔히 어른들은 '공부해서 남 주느냐'라고 한다. 나는 공부해서 남 줘야 하는 게 공부라고 생각한다. 나는 입양 간 한국 언니의 마음을 헤아리고 싶어서 영어를 공부했다. 20대 이후에 배운 프랑스어는 아프리카 난민들을 위해서 공부했다. 교육의 초점을 평가에 맞추면 안 된다. 배움을 토대로 다른 사람을 아픔을 공감하고 더 나은 삶을 만들 수 있는 자양분을 길러주는 것이다. 그리고 많은 사람의 삶을 풍요롭게 하는 것이 배움의 이유여야 한다.

프랑스의 고등학교에선 암기한 수준으로 학생들을 평가하지 않는다. 한 철학가가 그 주장을 펼칠 수밖에 없었던 사회적인 배경을 고려하여 아이들의 인생에 어떤 영향을 미쳤는지 논리적으로 풀어나가야 한다. 끊임없이 지식을 받아들이고 체내 화하는 과정을 토론을 통해 발표를 통해 연습시킨다. 시험지에 외운 거로만 채워 나간다면 형편없는 점수를 받는다. 서술형엔 정답이 없다. 논리적으로 결과가 도출되면 과정을 인정받는다. 그리고 그 시험 결과는 절대평가로만 이뤄지며 개인에게만 공개한다. 굳이 타인과 비교하지 않아도 된다는 뜻이다. 경쟁의 대상이 타인이 아니라 결국 자기 자신이 되는 것이다. 본인이 공부한 것을 시험으로 평가받고 부족한 부분만 개선하면 된다.

프랑스 교육은 실제로 사회에 나가서 적용할 수 있도록 이론과 실습을 병행한다. 대학교에서는 인턴제도와 '알테흐넝스Alternance' 제도가 있다. 인턴은 이제 한국 사회에서도 매우 익숙하지만 알테흐넝스는 생소한 개념이다. 대학과정 중에 1년 정도 학교와 회사 업무를 병행하면서 교육과정을 이수한다. 회사는 학생의 학비를 지원해주고 1년 동안 회사의 시스템에 적응할 수 있도록 충분한 시간을 두고 교육을 한다. 한 주는 학교 수업, 한주는 회사로 구성될 수도 있고, 일주일 3일은 회사 나머지는 학교 등으로 다양하게 구성된다. 이론으로 배운 것 외에 실제 현장에서도 어떻게 이론이 적용되는지 끊임없이 개인을 탐구하도록 제도를 마련한다.

외국의 좋은 시스템을 빌려와 한국에 적용하는 것은 좋은 현상이다. 하지만 양질의 교육을 제공할 준비가 안 된 상태에서 평가하는 시스템만 변경하는 건 옳지 않다. 고이는 물에 썩지 않도록 꾸준히 새로운 교육을 연구해야 하고 아이들이 자유롭게 사고할 수 있는 환경을 마련해줘야 한다.

003

# 치열하게 **살아야만** 인생인가요

SNS상에서 논쟁거리가 되는 한 흥미로운 사진을 발견했다. 한국에서 출판되는 책의 추세를 보여주는 한 장의 사진이었다. '20대, 공부에 미쳐라, 30대 다시 공부에 미쳐라, 40대 다시 한번 공부에 미쳐라'. 보고 있자니 한국 사람들의 교육열은 정말 못 말린다. 얼마나 더 치열하게 공부해야 이 레이스가 끝나는 걸까. 대학입시를 준비하는 10대 때는 시간을 분 단위로 쪼개서 살았다. 화장실 가는 시간이 아까워 단어를 빼곡히 채운 노트를 항상 준비했다. 밥 먹으러 줄 서 있는 동안에도 시간이 아까워 노트를 손에 꼭 쥐고 외우는 삶이 일상적이었다.

20대도 10대만큼 치열했다. 대학입시를 마치자마자 20대에 편입하는 과정도 만만치 않게 체력과 에너지를 요구했다. 1년의 노력 끝에, 외국어로 최고 명성 높은 학교 프랑스어과로 입학했다. 사실 제대로 프랑스어를 배워본 적이 없었지만, 영어 외에 다른 언어를 배워보고 싶었다. 3학년으로 바로 편입을 했는데 그때 이미 동기들과 선배들은 이미 프랑스어를 능수능란하게 구사했다. 또다시 살아남으려면 프랑스어를 공부해야 했다.

끊임없는 입시와 시험의 연속에 지칠 대로 지쳐버린 나는 도망치듯 캐나다로 어학연수를 떠났다. 공부한다고 항상 뒷전으로 했던 여행도 실컷 해보고 전 세계에서 온 외국인 친구들과 1년을 보냈다. 나의 목표는 원대하지 않았다. 지친 나를 다독이는 시간을 갖는 것이 우선이었다. 그리고 더 넓은 세상을 경험하고 앞으로 어떻게 살지를 고민할 시간을 천천히 갖기로 했다. 이젠 경쟁의 레이스에서 내려오자.

'무엇을 위해 치열하게 사는 걸까? 이 경쟁의 끝은 무엇일까?'

돌이켜보니 한국의 매일 같이 반복된 전쟁 같은 삶이 버거웠다. 한 번도 나에게 수고했다고 이야기해주지 못할 정도로 여유가 없었다. 항상 어제보다 더 많은 양을 공부하지 못한 걸 자책했고, 건강을 돌볼 틈이 없을 정도로 앞만 보고 살았다. 막상 행복을 찾아보려고 노력하는데 제대로 배워본 적이 없었다. 그래서 행복이 아닌 걸 행복으로 착각했다. 물질적인 걸로 보상을 하면 행복을 살 수 있다고 믿었다. 그런데 캐나다의 삶은 달랐다. 내 삶이 만족스럽다고 느낀 것이 처음이었다. 무언가를 이루지 않아도, 치열하게 경쟁하지 않아도 나는 온전히 순간의 행복을 느끼고 있었다.

매일 삶의 의미를 되찾아 갔다. 타인에게 비치는 나를 위해 살지 않아보려 노력했다. 온전히 나를 위해 사는 것은 어떤 걸까. 10년 이상 된 옷에 구멍이 나도 전혀 부끄럽지 않은 자유로움, 계단에 털썩 주저하지 않아 혼자 점심을 먹을 수 있는 당당함을 흉내내보기도 했다. 직업의 귀천이 없다는 것도 평준화된 연봉에서 시민의식을 엿볼 수 있었다. 버스 운전기사도 환경미화원도 안정적인 연봉에 충분히 만족한 삶을 살고 있었다. 내심 캐나다에 사는 사람들의 자유로움이 부러웠다.

매일 하늘을 올려다볼 수 있는 여유, 저녁마다 가족들과 식탁에 둘러앉아 하루를 돌아보는 시간, 타인의 시선으로부터 자유로울 권리. 지구 반대편에선 지극히 당연한데 그 당연함을 누리기까지 오랜 시간이 걸렸다. 한 번 누린 자유를 놓치고 싶지 않았다. 그 자유가 내 삶의 일부가 될 때까지 끊임없이 찾아다녔다. 그래서 매 순간을 여행이자 일상처럼 편하게, 일상이자 여행처럼 설레도록 살았다.

캐나다에 있는 동안 방학을 이용해 도미니카 공화국으로 여행을 다녀왔다. 처음으로 외국에서 보내는 크리스마스를 색다르게 경험해보고 싶었기 때문이다. 도미니카 공화국은 아이티섬 옆에 붙어 있는 인구 천만 명이 조금 넘는 섬나라이다. 카리브해에 위치해 아열대성 기후이며 계절이 건기 우기로만 나눠진다. 11월부터 4월은 건기로 비도 잘 오지 않는 완벽한 더운 날씨의 크리스마스를 즐기기에 안성맞춤이었다. 에메랄드빛처럼 맑은 카리브해를 경험할 생각에 여행 전부터 들떠 있었다.

도착한 공항은 생각보다 훨씬 더 작았다. 면세점이 즐비하게 있을 곳에 관광 기념품을 파는 곳밖엔 없었다. 아무렴 공항의 크기는 문제가 되지 않았다. 남은 휴가 일정을 알차게만 보내면 됐다. 마침 리조트의 호텔이 일행을 데리러 나와 있었다. 창문을 열고 한참을 달렸다. 따듯한 공기, 선선하게 불어오는 바람이 좋았다. 차가 멈춰 섰을 때쯤 운전 기사님은 다급하게 창문을 올리라고 얘기했다. 아니나 다를까 차가 멈추자 난데없이 아이들이 차 옆에 사방으로 들러붙었다. 외국인인 걸 감지한 아이들은 차 옆에 달라붙어 '1달러만 주세요.'라고 벌떼같이 외쳤다.

아이들은 차가 꿈쩍도 하지 못하게 앞 옆으로 길을 막았다. 그리고는 6인용 차가 양옆으로 흔들릴 만큼 세차게 밀었다. 불현듯 다큐멘터리에서 봤던 한국의 6·25 때 피난 가던 아이들 모습이 떠올랐다. 한국에 주둔하던 미군들에게 '기브미 더 초콜렛'이라고 외쳤던 그 당시 아이들이 모습이 이랬을까. 대수롭지 않다는 듯이 기사 아저씨는 차가 움직일 것처럼 아이들을 위협했다. 몇 번의 실랑이 끝에 결국 아이들은 큰 수확 없이 길을 내주었다.

분명 휴양을 하러 왔는데 여행 내내 집중할 수 없었다. 여행 시작부터 모든 주변의 환경들이 객관적으로 보이기 시작했다. 리조트 내에서 일하는 직원들은 모두 흑인이었다. 반면에 리조트 내부에서 휴양을 즐기고 있는 사람들은 백인이었다. 같이 간 친구들만 그 공간에서 아시아인이라는 이유로 모든 이목이 쏠렸다. 마틴 루터 킹 주니어 목사가 흑인 인권을 위해 연설을 하고도 50년이 넘는 시점에 가능한 현실인지 믿기지 않았다.

리조트 안에서 평화롭게 해수욕을 즐기면서도 내 마음속에서는 충격이 가시지 않았다. 세계 역사를 아무리 수업시간에 배웠어도 이 만큼의 충격은 전혀 없었다. '백문이 불여일견'이라는 부모님의 말씀이 맞았다. 아무리 책으로 배워도 직접 눈으로 경험하는 것과는 천지 차이였다. 직접 눈으로 흑인과 백인의 인종 차별을 적나라하게 목격했다. 1493년 콜럼버스가 제2차 항해에서 처음 발견한 이후, 오랫동안 이 나라는 스페인과 프랑스의 통치 지배를 받았다.

몇백 년의 통치 지배도 서러운 역사인데 2010년에도 여전히 권력의 구조가 바뀌지 않았다. 리조트 안에서 서비스를 받는 사람은 여전히 백인이었고, 흑인들은 열심히 주문을 수행하느라 바빴다. 리조트 밖은 가난이 더 적나라하게 드러났다. 판자촌이 즐비했고 집인지 돼지우리인지 모를 정도로 악취가 나는 환경에서 사람들이 살고 있었다. 영화 〈트루먼 쇼〉 안의 짐 캐리가 본인이 다른 현실 세계에서 TV로 방영되는 주인공이란 걸 깨달았을 때의 허무함 같은 게 느껴졌다. TV로 지켜보는 관중들은 나의 표정을 보고 신랄하게 웃었을 것이다. '이런 세상을 아직 모르고 있었니?'라고 비웃는 것만 같았다.

처음으로 차별에 분노를 느꼈다. 화가 치밀어 올랐다. 죽기 살기로 공부했어도 역사책만으로는 느낄 수 없는 분노였다. 그때 다짐했다. 내가 정말 치열하게 배운 것을 남을 위해 쓰자. '아직도 세상에 존재하는 불평등과 차별을 바꿀 수 있는 사람이 되자'라고 가슴 깊이 새겼다.

여행을 선물해주신 분은 나의 두 번째 부모님이다. 아빠의 절친한 친구이자 나의 성장 과정을 다 지켜보신 부모님은 일찍이 미국에 이민하셨다. 여행을 마치고 나는 이분들을 뵐 겸 미국에 머물렀다. 4박 5일의 여행에서 느낀 점을 물어보셨다. 나는 지금도 그때 나의 대답을 생생하게 기억한다. 평생 모르고 살 수 있었던 광경을 보고 충격을 받았다고 고백했다. 앞으로 다시 치열하게 공부한다면 이 사람들의 불평등을 위해 싸우는 사람이 되겠노라고 말이다.

여행을 통해 견문을 넓힌다는 것은 단연 좋은 면만을 보는 것은 아니다. 다양한 형태로 존재하는 삶의 방식을 보고 지식과 경험의 폭을 확장하는 것이다. 서른이 되고서야 아빠의 가르침이 고스란히 느껴진다. 아빠의 모든 노트 첫 장에는 존 듀이의 인용구가 쓰여 있다. '최고의 교육은 경험이다'.

004

# 스물다섯, **대한민국을 떠나** 프랑스로 가다

인생 최대의 충격을 경험하고 한국으로 돌아왔다. 당시 대학교 4학년이 된 친구들과 선배들은 취직준비를 한창 하고 있었다. 도서관에 가도 여기저기 토익책과 온갖 자격증 책들로 즐비했다. 하지만 나는 도미니카에서 본 생생한 경험들이 내 삶에 깊은 울림을 주었다. 책상에서 하는 죽은 공부가 싫었다. 세상에 뛰어들어 생생한 공부를 더 하고 싶었다. CNN 뉴스의 앵커였던 앤더슨 쿠퍼Anderson cooper는 전 세계에서 일어나는 참혹한 전쟁 현장을 취재하기로 유명했다. 한창 쿠퍼의 360 팟캐스트를 즐겨 듣던 때였는데, 매일 듣던 마무리 대사가 심장을 강타했다.

"언제나 책상에만 앉아 있으면서 세상에서 무슨 일이 일어나고 있는지 안다고 생각하면 안 됩니다. 직접 가서 봐야만 합니다.

냄새를 맡아봐야 하고, 직접 먹어봐야 하고, 눈으로 봐야 합니다. You can't just sit behind the desk all the time and think you know what's going in the world. You have to go out and see it for yourself. You got to smell it, got to taste it and got to see it."

그때부터 남들과 다른 길을 걷기로 작정했다. 취직을 준비하지 않는 나를 보며 우려의 시선으로 바라봤다. 프랑스어로는 대한민국에서 밥벌이하기 어렵다는 걸 알기 때문에 일찍이 취업전선에 적극적으로 뛰어들지 않는 건 생계유지가 힘들다는 걸 의미하기도 했다. 하지만 가슴이 뛰는 곳을 계속 바라볼 수밖에 없었다. 남들과 조금 다르더라도 내가 믿는 가치가 빛을 발할 때까지 나를 믿어주기로 했다.

우연히 도서관에서 이지성 작가의 《꿈꾸는 다락방》과 《독서 천재가 된 홍대리》책을 접했다. 읽은 자리에서 단숨에 두 책을 다 읽어 내려갔다. 책이 나를 관통하는 느낌이었다. 읽는 책만큼 성장할 수 있다는 사실에 흥분했다. 그날 이후로 1년 동안 꼬박 1일 1독에 매진했다. 지금 생각해도 대학 생활 중 가장 잘했다고 느끼는 건 책을 꾸준히 읽는 습관을 들인 것이다. 책을 통해 역사, 인문, 문화, 예술을 접했다. 그리고 전공을 살려 할 수 있는 일을 역사를 통해 찾고, 현실에서 계속 경험할 기회를 찾았다.

나는 학부에서 프랑스어를 전공했다. 주한프랑스 대사관의 자료에 따르며 프랑스어는 무려 전 세계 약 2억 7천 4백 명이 구사하는 언어이다. 세계에서 두 번째로 가장 많이 배우는 언어이며, 제3의 비즈니스 언어이다. 그 이유가 무엇일까. 프랑스 외에 프랑스가 식민지 지배를 했던 아프리카의 나라들과 프랑스령 들의 주민들이 그만큼 많기 때문이다. 나의 언어적인 재능을 세상이 발전할 수 있는 곳에 쓰고 싶었다.

사실 프랑스어를 전공하면 대부분 사람들은 지레짐작 예술이나 문학을 할 거라고 기대한다. 그 분야와 한참 거리가 멀었던 나는 제일 좋아했던 언어와 사회정치 분야에서 일할 방법을 계속 찾았다. 마침 한국에 있는 난민 인권단체에서 인턴을 할 기회가 생겼다. 동기들은 취직을 위해 기업의 후원자나 사기업의 인턴 경험을 하며 준 사회인으로 일할 때, 나는 교통비만 겨우 받을 수 있는 일을 택했다. 아무렴 괜찮았다. 보수의 크기로 평가할 수 없을 만큼 가치 있는 일을 한다고 굳건히 믿었다. 목숨을 걸고 한국으로 건너온 아프리카 난민들에게 낯선 나라에서 언어가 통한다는 것은 안식처이자 위안이 되었다. 누군가에게 필요한 존재가 된다는 것만으로 뿌듯했다.

난생처음으로 한국에서 아프리카 난민을 만났다. 나는 전쟁,

박해, 자연재해를 피해 떠나온 사람들을 만나 주거, 위생, 교육, 생계를 지원해 주는 일을 했다. 상상도 못 하는 이야기가 펼쳐졌다. 내가 태어나고 자라난 나라로부터 정치적 신념, 종교, 인종의 이유로 위협을 받는 그 무서움을 느껴본 적 있는가. 온 국가가 나서서 한 사람을, 한 가정을, 한 부족을 집단으로 해를 가하는 그 두려움을 느껴본 적 있는가. 한국으로 피난 온 난민들은 박해를 받아 한국에 올 수밖에 없던 그 과정을 생생하게 이야기했다. 폭력의 흔적 앞에서 같이 심각해지고, 고민하고 울었던 과정을 수없이 반복했다.

여느 이방인과 같이, 한국에 정착한 이방인들도 서러움이 참 많다. 출입국 사무소를 찾아갈 때마다 시선에서 자유롭지 못했다. 아프리카 난민들은 지하철을 타고 출입국 사무소를 가곤 했는데 그때마다 흑인을 처음 본 아이들이 난민분의 피부를 만져보기도 했다. 그러고는 옆에 있는 엄마에게 '엄마 이 사람은 왜 피부 색깔이 우리랑 달라?'라고 물어보면 엄마는 아이가 이해할 수 있는 눈높이로 대답을 해주었다. "그 사람은 어렸을 때부터 초콜릿 우유를 많이 먹어서 그런 거야." 옆에 있는 난민분이 차라리 한국어를 이해하지 못해서 다행이라 생각했다.

온갖 차별이 적나라하게 드러나는 곳은 오히려 출입국 사무소이다. 난민으로 정식 등록하기 위해 신청서를 제출하면 온갖 사소한 이유로 무안을 주기 일쑤였다. 완벽하게 작성되지 않은 서류를 검토하다 눈앞으로 서류를 던지면서 '아니 왜 깜둥이가 여기까지 와서 우리를 피곤하게 해'라고 하는 장면은 비일비재하게 일어나는 일이었다. 당시 나는 불의를 보면 참지 못하는 젊은 청년이었다. 아버지뻘 되는 사람들과 목소리 높여 싸우는 건 일도 아니었다. "서류를 다시 수정해달라고 다시 말씀해 주시면 되지, 왜 피부 색깔로 사람을 그렇게 차별하세요? 서류는 왜 던지시는 건데요? 사람을 존중해주셔야죠." 아무리 소리쳐도 바위에 달걀 치기였다.

개인의 노력으로는 난민의 인권을 보장하는 게 소원해 보였다. 어떻게든 프랑스어권 아프리카 난민들에게 기본적인 권리와 삶의 의미를 되찾아 주고 싶다는 생각으로 가득 차 있었다. 인권을 보장하는 제도를 만드는 동시에 정신적인 피해와 육체적인 상처를 어루만져 줄 수 있는 사람이 되고 싶었다. 학부 때 배운 언어학으로는 턱없이 부족한 지식이었다. 프랑스로 가야 했다. 세계적인 석학으로부터 국제개발학의 이론과 실전을 배울 수 있기 때문이었다. 실제 전문가들이 개발도상국에서 진행하고 있는 개발 프로젝트를 습득하고 직접 참여할 중요한 기회였다.

부모님의 허락을 받는 일만 남았다. 그런데 부모님은 내가 졸업과 동시에 경제적으로 독립할 것으로 생각하고 있었다. 부모님의 바람과는 달리 유학을 가겠다고 고집을 부리는 맏딸과 첫 대면이 있던 날이다. 부모님은 경험할 수 있는 것이라면 모든 기회를 만들어 주시는 분들이었다. 하지만 딸의 일방적인 통보에 부모님은 적잖이 당황해하셨다. 우린 서로 생각할 시간이 필요했다.

그날 학교 도서관에서 로랑 구넬의 《가고 싶은 길을 가라》라는 책을 빌려 왔다. 책 제목만으로도 위로받는 것 같았다. 책 속의 구절을 메모지에 꾹꾹 눌러 적었다.

"떠밀려 가는 길 그리고 마지못해 가는 길도 결국 내가 책임을 져야 한다면, 내가 온전히 책임지고 싶은 길을 가야 한다. 선택하는 기점에서 고려 대상에 가족의 염려를 넣지 말아야 한다. 결국, 모든 선택은 내 몫이다. 행복으로 향하는 길은 때로, 자신의 가장 절실한 의지를 실현하는 데 있어서 손쉬운 길을 포기할 것을 요구하기도 한다."

가장 절실한 의지를 실현하기 위해 손쉬운 한국 생활을 포기해야 했다. 하지만 나의 독단적인 선택으로 인해 사랑하는 사람들에게 부담을 짊어지울 수는 없었다. 그때부터 간절한 마음으로 장학금을 찾았다. 대학 때부터 활동하고 있는 봉사 단체였던 로타렉트에서 활동하였기에 나는 로타지 장학금을 받을 자격이 되었다. 4년 내내 봉사 단체에서 활동한 내게 주는 선물과도 같았다.

상상력을 총동원했다. 파리의 유학 생활을 즐기고 있는 나의 모습을 무엇보다 더 생생하게 그렸다. 장소, 시간, 사람, 날씨,

바람의 속도까지도 세세하게 상상했다. 에펠 타워 앞 샹드막스 Champs de mars 잔디밭 위에서 돗자리를 펴 놓고 친구들과 포도주를 마시는 상상을 했다. 그리고 그날 햇빛의 강도와 바람의 속도까지도 느꼈다. 너무 생생해서 서울인지 파리인지 헷갈릴 정도였다.

상상력이 힘을 발휘했다. 그동안 학교 공부와 더불어 대외적으로 활동한 나의 이력을 보고 긴 면접 끝에 장학금을 후원해 준다는 곳이 나타났다. '궁즉통, 상황이 절박하면 길이 열린다'라는 말을 믿을 수밖에 없었다. 그렇게 유학길이 열렸다.

005

# 센느강을 **바라보며** 결심하다

유학을 오는 과정은 시작에 불과했다. 언어와 문화가 다른 곳에서 모든 걸 혼자 선택하고 자발적으로 살아가야 하는 부담은 생각보다 크게 다가왔다. 생활고와 유학 생활의 고충을 아마 파리의 유학생들은 공감할 수 있지 않을까.

귀에 딱지가 앉도록 듣지 않았던가. 프랑스는 자유, 평등, 박애의 나라라고. 그 환상은 파리에 정착하고 오래가지 않아 철저히 깨졌다. 나는 프랑스의 수많은 이방인 중 하나에 불과했다. 학생비자를 받기 위해 프랑스에 정착하고 3개월 안에 체류증을 신청해야 한다. 경시청Prefecture de police에 가면 나와 같은 처지인 사람들이 아침부터 끝이 보이지 않을 만큼 긴 줄을 서 있다.

이방인도 두 부류로 나뉜다. 난민 신청하는 줄과 유학생, 장기 체류증을 신청하는 줄로 나뉜다. 한국은 행정처리가 정말 빠른 나라이다. 빛의 속도로 처리하는 나라에 살다 프랑스 같은 나라에 오면 너무 느려서 답답해 속이 터질 정도다. 그나마 조금씩 시스템이 발전하면서 기계로 순번을 뽑는 장치가 생겼지, 유학 초기에는 손으로 써서 번호표를 나눠 주었다. 번호표를 받으면 하염없이 기다려야 한다. 혹시라도 자리를 비우거나 딴짓을 하다가 순서를 놓치면 사정을 봐주는 것도 없다. 운이 좋으면 다음번에 봐준다고 하지만, 정말 운이 없으면 다시 번호표를 뽑아오라고도 한다.

내 순번이 한참 남았는데 한 직원분이 한국어 하는 사람 있냐고 목청 높여 물어본다. 번쩍 손을 들어 '한국사람'이 있다는 걸 알려줬다. 프랑스어를 잘 구사하지 못했던 한 유학생이 대화가 안 돼서 쩔쩔매고 있었다. 나의 프랑스어 실력도 완벽한 것은 아니지만 우리 서로 돕고 돕는 한국인이 여야 하지 않은가. 그렇게 그 여자 유학생 옆에 앉았다. 일 처리를 하던 아주머니는 '외국인들은 골칫덩어리야. 프랑스어도 못하면서 왜 오는 거야. 혜택만 받아가고 도움이 안 돼'라고 아주 크게 혼잣말을 하셨다.

순간 한국의 출입국 사무소에서 아프리카 난민이 받는 대우가 지금 나와 다를 바가 없다는 걸 단번에 느꼈다. 서럽지만 부당한 대우를 당해도 딱히 반박할 수 있는 용기도 없었다. 유학생들끼리 모여서 프랑스 행정을 거칠게 비난하는 게 유일한 복수였다. 그러면서 또 체류증이 문제없이 나오면 '프랑스 정말 고마워'라고 외치는 이중인격자가 되기도 했다.

프랑스는 철저한 계약사회이다. 집 계약 시, 휴대전화 약정 신청 및 해지 시, 전기 신청 시 등등 계약서가 빠짐없이 등장한다. 한국에서는 계약서를 꼼꼼하게 읽어볼 일이 없었다. 그러한 나에게 이런 광경은 매우 낯설었다. 계약서에 서명할 때, 집주인과 세입자를 위한 계약서 두 부가 준비된다. 빼곡히 채워진 계약서는 꼼꼼히 읽지 않으면 나에게 불리할 수 있는 조항을 놓칠 가능성이 크다. 입주 시기, 퇴실 통보 기간, 보증금 반환 조건 등은 필수적으로 확인해야 한다.

파리에 도착하여 안전하게 둥지를 틀고 나니 학교 수업이 본격적으로 시작됐다. 내가 공부한 대학원은 유명한 프랑스 정치인들을 배출한 학교로 유명했다. 그 명성에 전 세계에서 가장 똑똑한 유수 인재들이 몰려들었다. 나와 같은 '실전 국제개발학 Development Practice' 과정에 뽑힌 친구들은 총 7명이었다. 이미 관련 분야에서 그리고 현장에서 경력이 있는 학생을 대상으로 커리큘럼이 구성된 과였다. 국제대학원답게 모든 수업은 영어로 진행되었다.

주 전공 외에 두 가지 부전공을 정해야 한다. 프랑스를 오기 전부터 마음속에 그리고 그리던 아프리카 학과 인권학을 선택했다. 내가 공부했던 대학원은 학생들에게 매 학기 10과목을 들어야만 졸업할 수 있도록 조건을 만들었다. 학부 때도 안 들어 본 수업 양을 대학원에서 겪어야 했다. 다들 프랑스로 유학 간다고 했을 때 '각오를 단단히 하라고 했던 이유가 이거였나 보다'하고 뒤늦은 깨달음을 얻었다.

프랑스 교육과 한국교육의 가장 큰 차이점은 수업을 대하는 태도에서 드러났다. 모든 수업 전에 관련 논문을 읽고 수업에 참여해야만 수업 내용을 따라갈 수 있었다. 그런데 너무나 방대해서 주어진 50장짜리 논문 10개를 끝내고 수업에 가는 건 거의 불가능에 가까웠다. 매일 저녁 도서관 가장 늦게까지 남아도 다 끝낼 수 없었다. 도서관이 9시면 불을 불 끄는 바람에 집에서도 공부를 이어서 해야 했다.

학생의 삶은 마치 일이 끝나지 않는 사업가의 삶과 비슷했다. 24시간 일주일 내내 쉬는 시간 없이 잠을 깸과 동시에 공부를 시작하고, 공부하다 스르르 잠드는 날이 하루 이틀이 아니었다. 하루하루가 도전이었다. 새로운 교육방식으로부터 시간 싸움, 체력 싸움, 집중력 싸움을 하는 나날이 이어졌다. 아무리 시간을 쪼개어 써도 수업을 따라가기도 벅찼다.

아프리카학 수업을 들을 때 그중 군계일학인 독일 친구가 있었다. 얼굴도 예쁘고 키도 큰데 마음씨까지 예쁜 친구였다. 그 친구는 미리 논문을 다 읽고 와서 수업시간에 항상 예리하게 질문해 교수님께 폭풍 칭찬을 받았다. 나는 자료를 읽고 소화하기도 벅차 하며 개념적인 걸로 씨름하고 있을 때, 정말 똑똑한 친구들은 학문의 궁금증을 해결하기 위해 날카로운 질문을 퍼부었다.

모국어처럼 영어를 하는 친구들이 부러웠지만 어렸을 때부터 교육환경이 달랐던 외국인 친구들과 경쟁하는 건 의미가 없었다. 유학을 오기 전보다 프랑스에서의 공부를 마치고 난 후 나의 모습에 어떤 발전과 성장이 있을지 고민이 필요했다. 누군가와 경쟁하며 나를 질책하면서 시간을 낭비할 수 없을 정도로 나의 목표가 뚜렷했기 때문이다. 그때도 손에서 놓지 않고 간절하게 책에 매달렸다. 나폴레온 힐의《놓치고 싶지 않은 나의 꿈 나의 인생》을 읽으며 나의 꿈의 이정표를 재확인하고 그곳을 향해 달려가는 방법에 몰두했다.

대학원의 평가방식은 시험과 논문 두 가지였다. 주입식 교육을 10년 이상 받아온 한국 학생으로서 암기하여 시험을 치르는 건 크게 문제가 되지 않았다. 가장 힘든 부분은 논문을 작성해서 제출하는 일이었다. 이미 첫 수업시간부터 논문에 대한 기일을 주고, 주제를 생각하도록 훈련시킨다. 주제를 교수님과 상의하여 확인을 받고 나면 그때부터는 방대한 책과 기존의 논문 자료를 찾아야 한다.

다른 사람의 논문 자료에서 3가지 이상 단어가 동일하게 겹쳐서도 안 되며, 출처를 정확히 밝히는 게 기본 사항이다. 이 규칙을 따르지 않으면 표절이나 마찬가지이다. 그런데 글 쓰는 방식을 제대로 배워본 적 없는데 10과목이나 되는 논문을 쓰는 건 너무나 고역이었다. 다른 유학생 친구 중 기존에 같은 방식으로 교육 방식을 습득한 친구들은 하루 만에 열 페이지를 쉽게 쓰곤 했다.

논문이 잘 써지지 않을 때면 답답한 마음을 달래러 오르세 미술관 앞 센느강 변에 앉아서 강을 하염없이 바라봤다. 그렇게 원하던 유학이었는데 힘들었다. 게다가 파리의 겨울은 뼛속까지 시리고 외로웠다. 누가 파리를 세상에서 가장 아름답다고 했던가. 여름의 단면만 본 사람들은 그렇게 이야기할 수 있다. 하지만 파리에서 1년을 살아본 사람은 겨울의 그 어두움을 이겨내려 자기만의 방법으로 몸부림치고 있는 걸 안다.

그날 센느강의 바람은 매우 찼다. 프랑스에서 유학하면서 이루고 싶은 목표를 상기했다. 나의 재능으로 세상에서 소외당하고 있는 사람들의 권리를 회복하는 일이 나의 소명이자 목표였다. 그날 일기에는 그렇게 적었다. '누군가에게 보이기 위한 삶이 아니라, 내가 달성하고자 했던 목표를 위해서만 살아보자. 김소라, 내가 세상 누구보다 가장 크게 응원할게.'

006

# 나는 **타인을 의식하며** 살지 않기로 했다

대학원 1년 차가 끝날 무렵이었다. 박사를 목표로 하는 친구들은 졸업 논문을 준비했다. 나는 박사를 할 생각이 없었기에 논문을 쓰는 대신 인턴을 하기로 했다. 배운 걸 현장에서 실제로 적용하기 위해 아프리카로 떠나기로 했다. 가족들의 반대가 가장 컸다. 귀하게 키운 딸을 프랑스에 보낸 것도 아쉬운 데 미지의 세계로 보내는 가족들의 마음은 얼마나 무거웠을까. 부모님께는 청천벽력과도 같은 뉴스였다.

바람의 딸, 한비야도 해낸 일인데 나라고 못 할 게 무엇인가. 키 작고 아담한 동양 여자라는 건 전혀 문제가 되지 않았다. 사실 모르면 용감하다고 하지 않는가. 별로 무서울 것도 없었다. 게다가 정말 원하던 유엔기구에서 난민들을 위해 직접 일할 기회가 생겼으니 떠나지 않을 이유가 없었다. 파리 생활을 잠시 접고 6개월 동안 아프리카 부룬디로 떠났다.

아프리카에서 나는 말 그대로 특이했다. 어딜 가나 백인보다 더 튀는 동양인이었다. 길거리에 나가면 수십 명이 아이들이 나의 머릿결을 만져보고 피부를 만져보며 신기해했다. 동양인을 본 경험이 없던 부룬디 아이들은 나를 보고 '무중구(키룬디어로 백인)'이라고 합창하며 돌아다녔다. 그뿐만이 아니었다. 한국인을 본 적 없는 부룬디 동료들도 나를 두고 중국인이지 일본인인지 내기하느라 바빴다.

세계난민대회 날을 기념해 100명이 넘는 부룬디의 전 유엔난민기구 직원들이 한자리에 모였다. 나와 같이 인턴을 하기 위해 온 헝가리, 프랑스 친구와 함께 자기소개 하는 시간을 가졌다. 마침 당시 반기문 유엔사무총장이 재직 중이었을 때였다. 자기 소개시간이 돌아오기만을 기다렸다. "안녕하세요, 저의 국적을 두고 논쟁을 벌이시는 모습을 목격했습니다. 저는 반기문 유엔사무총장의 친척입니다. 그러니 중국인도 아니고, 일본인도 아닌 다들 아시는 한국인입니다." 객석이 술렁거렸다. 정말 내가 반기문의 조카인 줄 알고 착각하는 사람도 있었다. "사실 반기문 사무총장의 친척은 농담이었어요. 하지만 이제는 확실히 제가 한국인인 걸 아시겠죠?" 아주 인상 깊은 자기소개를 마치고 내려왔다.

부룬디에 도착해 거처가 정해지기도 전에 난민 임시 캠프를 설치하려 분주했다. 콩고 국경에서 넘어오는 난민들이 가장 빨리 보호조치를 받기 위해 부룬디의 수도 부줌부라에 임시 캠프를 설치하는 작업이 시작됐다. 천장에서는 페인트 먼지가 떨어지고, 전기도 없는 매우 초라한 환경이었다.

콩고 내전 때문에 피난길에 오른 난민 중에 전쟁고아들을 담당하는 게 나의 몫이었다. 두 달간 임시 캠프에서 매일같이 100명 이상 되는 아이들과 인터뷰를 진행했다. 우선 아이들의 심리와 건강 및 주거 환경을 파악했다. 위급한 아이들을 순서를 정해 신속하게 난민 캠프로 옮기는 작업이 선행되었다. 아이들은 눈앞에서 부모를 잃었고, 몇 날 며칠 먹을 것이 없어 나무껍질을 씹어 먹었다. 더 끔찍한 건, 여자아이건 남자아이건 할 것 없이 성적으로 폭행을 당하는 무자비한 환경에 노출되어 있었다.

하루는 열 살쯤 되어 보이는 여자아이가 무기력한 모습으로 방에 들어왔다. 사마귀같이 큰 물집이 얼굴부터 발까지 뒤덮여 있었다. 피난길에 같이 오른 사람이 누구인지, 끼니는 하루에 몇 끼를 먹으며 무엇을 먹고 있는지, 교육은 받을 수 있는 상태인지, 집안에서 사는 사람은 몇 명인지 차근차근 물어보았다. 그 와중에도 아이의 얼굴엔 전혀 웃음기가 없었다. 전쟁통이지만 무슨 일이 일어나고 있는지도 모른다는 듯이 천진난만하게 웃는 아이들이 많았기에 아이의 무언가 잘못되었다는 인상이 강하게 남았다.

'혹시 어디 아픈지 나에게 말해줄 수 있겠니?' 라고 질문을 던지니 고개를 끄덕인다. 그리고 스와힐리어로 옆에 있던 내 동료에게 말을 건넸다. 프랑스어로 통역해 들으니 가끔 열도 나고, 바늘로 찌르는 것처럼 온몸이 아프다고 했다. 증상은 정확히 에이즈였다. 누구도 이 아이를 보호해 줄 사람이 없어서 약도 처방받지 못하고 병을 방치했다.

내부 시스템 상 지원이 가장 우선으로 필요한 긴급 1순위에 아이의 이름을 올렸다. 내가 해 줄 수 있는 거라곤 그것뿐이었다. 누군가의 고통을 한 방에 낫게 해 줄 수도 없고, 인생을 활짝 펼쳐 줄 수도 없는 상황이 안타까웠다. 단지 아이의 아픔을 이해해 보려는 노력밖에는 할 수 있는 것이 없었다. 그날 밤 나는 악몽을 꾸었다. 의식적으로 아이의 아픔에 공감하려다 보니 무의식에 그 고통이 각인되었나 보다. 나에겐 며칠 스쳐 가는 악몽이었지만, 그 삶은 사는 사람들에겐 날마다 악몽이었다.

사실 난민 캠프에 집과 생필품을 제공한다 해도 인간의 기본 권리조차 지켜지지 않았다. 집은 대체로 흙으로 지어지고 전기를 놓을 수도 없다. 화장실이라고 할 수 없을 정도로 열악한 환경에서 볼일을 본다. 제대로 달린 것도 아니고 임시방편으로 천이나 나무로 가려두어 여자들은 항상 불안해했다. 대체로 3평이 채 안 되는 집에 10명 이상의 가족들이 섞여 살았다. 전쟁통에 부모를 잃은 옆집 아이를 대신해서 키우거나, 아빠를 모르는 아이를 출산하는 건 비일비재했다.

난민 캠프로 옮겨 간 사람들의 가장 큰 희망은 유럽이나 미국으로 이송되는 것이다. 이송될 수 있는 기준에 맞추려고, 상황을 일부러 더 악화시키는 가정도 더러 있었다. 사람들은 난민 캠프를 떠나 프랑스나 미국으로 가야지만 인간답게 살 수 있고, 성공할 수 있다고 굳게 믿었다. 매달 업데이트되는 이송 목록에 자신의 이름이 올라가지 않으면 사람들은 분개하고 실망했다. 그러다 일상으로 돌아오면 사람들은 무기력해졌다. 희망을 잃은 채 하루하루를 보냈다. 하지만 아이들의 인생은 달라야 했다. 구더기 같은 환경임에도 살아갈 이유를 찾아 주고 싶었다.

나는 아프리카에 있는 당시 스물여섯 살이었다. 세 번째 무급으로 인턴을 할 때였다. 여전히 나는 부모님의 돈으로 꿈을 샀다. 사소한 행복을 같이 하지 못하는 딸이었고, 그렇다고 경제적으로 자립하여 부담을 덜어주는 딸도 아니었다. 부모님께는 못난 딸이었다. 하지만 내 눈앞에 놓인 세상을 바꾸기 위해 부단히 움직여야 했다. 부모님이 주신 능력을 가장 크게 쓰일 수 있는 곳에 이바지하는 것, 그게 내가 할 수 있는 최고 효도의 길이었다.

하루는 A4 용지 한 묶음을 통째에 세계지도를 프린트해서 아이들에게 한 장씩 나눠 주었다. 그러곤 지도를 가리키면서 이 많은 나라 중에 아이들이 있는 부룬디를 찾아보게 했다. 아프리카의 심장부라 불리는 이 나라는 인구가 천만 명이 조금 넘는 아주 작은 나라다. 너무 작아서 보이지 않을 정도였다. 사실 아이들은 부룬디가 어디에 있는지도 잘 몰랐다. "세상은 이렇게 넓고 다양한 모습으로 너희를 받아 줄 준비를 하고 있어. 한 치 앞이 보이지 않는 상황일지라도 희망을 잃지 말고 공부해 주렴."이라고 이야기했다. 내 마음이 잘 전달되었는지 모르겠다. 아이들이 클 때까지, 나도 나만의 방법으로 아이들을 도울 능력을 키우겠다고 다짐했다.

나는 20대가 여성들이 흔히 관심 두는 연예인, 화장품, 명품과는 거리가 좀 멀었다. 명품가방 하나를 지불 할 수 있는 능력이면, 아프리카에 있는 10명의 한 가족이 1년간 풍족히 먹고도 남을 비용이라는 계산이 머리를 떠나지 않았기 때문이다. 나를 치장하는 데도 매우 서툴렀다. 타인이 보는 나를 생각하는 것 보다, 내가 난민들을 위해서 할 수 있는 행동이 무엇일까를 생각하는 날들이 내 청춘의 반 이상을 차지했기 때문이다. 그런 나날들에 후회하지 않는다. 심장이 뛰는 곳을 따라갔을 뿐이다. 지극히 내가 옳다고 믿어왔던 것들에 10년 이상을 투자한 내 청춘에 박수쳐주고 싶다. 수고했다 김소라.

007

# 내 아이는 **프랑스 아이처럼** 키우고 싶다

마지막 학기를 끝내기 위해 파리로 돌아왔다. 한 학기는 빛의 속도로 흘러갔다. 파리의 생활 고충과 유학 생활 동안 힘들었던 걸 생각하니 당장이라도 가족 곁으로 돌아가고 싶었다. 겉으로는 당장이라도 금의환향을 하고 싶다고 얘기하면서 속으로는 아직 프랑스의 제대로 된 가치를 느끼지 못한 아쉬움이 남았다. 돌아가서 겪고 싶지 않은 우리의 문화도 너무나 뼈저리게 잘 알고 있었다.

한국은 서로가 아픈 걸 알지만 외면하는 사회다. 비정규직의 절실함을 알아도 같은 정규직이 되는 건 불공평하다고 외친다. 상사의 언어폭력과 불합리함에 시달리면서도 참는 게 유일한 길이라고 생각한다. 본인의 자식은 사회에 나가 존중받고 사랑받길 바라면서 부하직원에게는 언어 융단폭격을 가한다. 아이는 낳으라고 하면서 출산휴가, 육아휴직을 이용하는 사람은 안절부절못하게 만든다. 그런데 차별받는 사람이 목소리 내는 걸 두려워 할 뿐 아니라 사회적으로도 허용하는 분위기가 아니다.

문유석 판사의 책, 《개인주의자 선언》에 다음과 같은 글이 있다.

"나는 감히 우리 스스로를 더 불행하게 만드는 굴레가 전근대적인 집단주의 문화이고, 우리에게 부족한 것은 근대적 의미의 합리적 개인주의라고 생각한다."

인간의 기본적인 권리와 개인의 행복이 안전하게 지켜지는 나라는 건강했다.

한국이 성급한 민주주의를 발전시키느라 그 과정에서 잃어버린 중요한 한 가지가 있다. 바로 진정한 표현의 자유이다. 여전히 많은 사람이 학교에서, 직장에서, 사회에서 불평등하고 차별이 있어도 목소리 내는 걸 두려워한다. 옳지 않을 걸 옳지 않다고 표현할 자유, 부당한 걸 부당하다고 표현할 수 있는 자유의 힘은 위대하다. 부록 빈약한 개인의 목소리일지라도, 표현할 수 있는 개인이 늘어나면 회사의 제도가 바뀌고 사회가 변하기 때문이다. 건강한 집단을 위해 합리적인 개인주의자가 되는 건 이기적인 것이 아니다.

전근대적인 집단주의 문화에서 아무리 나 혼자 합리적인 개인으로 행동한다 해도 사회가 바뀌지 않음은 분명했다. 어니스트 헤밍웨이가 '만약 당신에게 젊었을 때 파리에서 살게 될 행운이 주어진다면, 그 이후 파리는 마치 움직이는 축제처럼 당신이 남은 일생 동안 당신이 어디를 가든 당신과 함께 머물 것이다'라고 한 이유가 있지 않을까. 파리에서 살 행운을 누리긴 했는데, 일생 나를 따라다닐 그 가치를 찾고 싶었다.

프랑스가 주장하는 자유, 평등, 박애가 완벽하게 지켜지는 나라는 아니었다. 하지만 상대적으로 한국과 비교하면 훨씬 더 넓은 범위의 자유, 평등, 박애가 실천되고 있음은 분명 했다.

프랑스의 교육을 들여다보면 가정과 학교에서 대화로 이뤄지는 교육이 많다. 일방적으로 이론을 가르치는 건 프랑스 교육과는 거리가 멀다. 최대한 각자의 생각을 표출할 수 있도록 끊임없이 대화하고 생각을 나눈다. 일반 프랑스의 가정에서 저녁 식사는 대화의 능력을 기르는 장이 되기도 한다.

밥상 앞에서는 과묵해야 한다는 동방예의지국 선조들의 가르침을 잠시 접어두어야 한다. 가족들과 식사를 할 때도 정치, 문화, 사회, 예술 이야기가 경계를 넘나들며 이어진다. 프랑스에서는 끊임없이 본인의 생각을 표출하고, 반박하기도 하고 대화를 이어나가는 문화가 자연스럽다. 그러니 본인의 생각을 표현하는 데 있어서 거침없다. 누군가 생각이 틀렸다고 반박하면 오히려 그 반박을 즐길 만큼 토론을 좋아한다.

대화의 힘을 키우는 것은 프랑스에서 직장생활을 할 때도 필수적이다. 수평적인 문화답게 직장에서 자신의 의견을 표출할 기회가 많다. 그때마다 자신을 의견을 표현하지 못하면 생각을 표현하는 능력이 부족하다는 인상을 남길 수 있다. 프랑스인은 반대하거나 찬성할 때 개인이 생각하는 분명한 이유를 구구절절 설명한다. 결론에 도달하는 과정에 엄청나게 심혈을 기울인다. 결론이 절대적으로 옳거나 그른 것도 없다. 각자가 생각하는 걸 판단하는 것은 듣고 있는 다른 사람의 몫이다.

권리를 위한 개인의 목소리 표출을 두려워하지 않다 보니 파업을 잘하는 나라로 악명 높다. 물론 경제적인 차원에서 파업은 국가와 그 서비스를 이용하는 각 개인에게 매우 성가신 일이다. 하지만 잘 들여다보면 그마저도 프랑스의 가치가 여실히 드러난다. 사회로부터 외면당하고 차별받는 사람들이 차별받고 있다고 말할 수 있는 자유가 있다. 다른 사람과 똑같은 권리를 누릴 수 있는 평등을 외칠 수 있다. 그리고 목소리가 합쳐지면 차별받는 사람들을 포용하는 정책이 만들어지는 사회에 있다는 것 자체가 행운이었다.

나이에 맞는 의무감이라는 것도 딱히 없다. 한국의 어르신들은 당신이 겪어온 대로 젊은 친구들에게 나이에 걸맞은 의무감을 지우려고 한다. '취직은 언제 하니? 결혼은 언제 하니? 아이는 언제 갖니?'라는 그 명절마다 듣는 똑같은 질문 말이다. 프랑스인들은 동거를 30년 이상 하다 60대에 결혼식을 올리기도 하고, 출산은 여성의 자유로운 선택에 달렸다고 딸에게 이야기해준다.

나에게 프랑스의 교육환경과 한국의 교육환경을 선택할 권리가 있다면 전자를 택하기로 마음먹었다. 지극히 개인주의자들과 프랑스에서 공존하고 있지만, 오히려 이기적이지 않다는 걸 알기 때문이다. 오히려 배우고 싶었다. 그리고 아직 태어나지 않은 나의 2세에게 물려줄 수 있는 교육환경은 프랑스가 더 적합하다고 생각했다. 프랑스에서는 한국에서 한창 화제가 되었던 '미투운동'이 일어날 일은 없을 것이다. 이미 어렸을 때부터 성추행이나 성폭행이 가해지는 자리에서 잘못된 행동이라고 말할 수 있는 용기를 일찍부터 가르치기 때문이다.

우리 프랑스인들처럼 좀 더 합리적으로 개인주의를 즐기자. 프랑스를 겉에서 보면 참 차가워 보인다. 왜냐하면, 개인마다 서로의 행복을 지키는 거리를 견고하게 유지하기 때문이다. 개인의 행복의 구역 안에 함부로 침범하는 사람에게는 친절을 베풀지 않는다. 그게 바로 나를 사랑하고 보호하는 방법이기 때문이다. 프랑스에서 여행하는 동안 영어로 물었는데 콧대 높은 파리지앵들이 대답하지 않는 건 그 개인의 행복에 침범했기 때문이다. 자국의 언어에 대해 자부심이 강한 프랑스인들에겐 자부심을 지키는 것도 행복이기 때문이다.

자유의 정의를 잘 않지 않는가. 다른 사람의 자유를 침범하지 않는 내에서 내가 누릴 수 있는 권리를 누릴 수 있는 게 자유이다. 나의 아이에겐 할 말은 할 수 있다고 가르치고 싶다. 옳은 건 옳다고 말할 자유, 틀린 건 틀린다고 말할 수 있는 자유를 선물하고 싶다.

# 2

# 서른에 하는 **공부가 진짜 공부다**

METRO
SAMARITAINE
SAMARITAINE
Pont N
Enjoy a Sightseeing Tour of P

001

# 서른에 하는 **공부가** 진짜 공부다

나는 태어나서 처음으로 직장 경험을 프랑스에서 시작했다. 그것도 전혀 전공과 관련 없는 회계 쪽에서 시작했다. 나의 이력서를 본 프랑스 회사의 인사 담당자나 헤드헌터들은 빠짐없이 묻는다. 정치대학원에서 국제개발학을 공부하고 NGO와 국제기구에서 경험을 쌓다가 갑자기 관련이 없는 사기업에서 그것도 회계로 첫 커리어를 시작했는지 말이다.

한국에선 중간에 진로를 바꾸어 전과하거나 편입을 할 때, 전공이 바뀌어도 크게 문제가 되지 않는다. 학부를 졸업하고 사기업에서 전혀 다른 직무를 시작하는 게 놀랍지 않을 정도로 빈번하다. 전혀 다른 전공으로 취업전선에 뛰어들어도 회사에서는 교육하면 충분히 사회 초년생들도 업무에 적응할 수 있다고 생각하기 때문이다.

하지만 프랑스 학생들은 어렸을 때부터 진로를 결정하고 오랫동안 사회로 나올 준비를 한다. 그래서 프랑스로 유학하러 오는 학생 중, 학부와 다른 전공으로 갑자기 진로를 변경할 경우 이유가 충분치 않으면 입학이 거부되기도 한다. 학부에서 대학원 진로 변경 시 충분한 동기가 설명되지 않으면 관련 학부로 다시 시작해야 하는 예도 있다. 그렇다고 프랑스에서 새로운 분야를 도전하고 싶은 사람이 전공이 다르다고 포기해야만 하는 건 아니다. 학부 전공 외에 꾸준한 대외활동이나 프로젝트 참여 경력으로 관심사를 증명하고 지원동기서에 본인을 충분히 설명할 수 있다면 합격할 가능성이 커진다.

나의 개인적인 경험이기도 하다. 학부 내내 프랑스어를 전공했고 언어학만으로는 대학원에서 국제개발학을 공부하고 싶다는 동기가 불충분해 보일 수 있었다. 대신에 나는 대학교에 다니면서 관심 분야와 맞는 대외활동을 많이 했다. 비영리단체에서 난민들의 권리를 보호를 위한 법무지원팀에서 인턴 활동을 처음 시작했다. 인턴 활동을 하면서 난민에 대한 인식을 재고하기 위해 영상을 제작하여 한국인권위원회에서 상을 받기도 했다.

난민의 권리를 위해 여러 가지 일을 하다 보니 인권에 관심이 가기 시작했다. 그래서 전 세계적으로 가장 신임을 받는 있는 인권단체에서 두 번째 인턴 경험을 쌓았다. 인권단체 내의 모금팀에서 일하면서 인권의 사각지대에 있는 사람들을 위해 자금을 마련하는 일을 했다. 꾸준한 열정이 행동으로 이어졌다. 대학원에서 개발학을 공부하고 싶은 동기는 충분히 설명되었다.

20대 초반부터 가장 좋아하는 일에 에너지를 차곡차곡 축적했다. 많은 사람이 관심이 없는 분야에 흥미를 느꼈다. 친구들이 취업 준비에 뛰어들었을 때, 나는 난민에 대한 논문 자료를 읽거나 세미나를 찾아다녔다. 열정이 이끄는 삶이 가슴 뛰었고 곧 죽어도 걷고 싶은 길을 걷고 싶었다. 세상이 알아주지 않는다고 탓하지 않았다. 그저 좋아하는 일을 할 수 있음에 감사하는 열정 많은 20대였다. 그 당시 내가 정한 이정표의 끝에는 '유엔난민기구'라는 거대한 단체가 적혀있었다. 나에게는 그곳이 열정과 경험이 맞닿는 정점이었다.

유학할 당시, 김새해 작가의 책《내가 상상하면 꿈이 현실이 된다》를 반복해서 읽으면서 원하는 것을 생생하게 상상하는 훈련을 했다.

"당신의 미래는 당신의 마음속에서 시작된다. 항상 최고의 것을 기대하라. 반드시 그대로 이루어진다."

나는 아프리카에 가고 싶었다. 직접 난민들을 만나고 그들의 고충을 이해하고 싶었다. 가난과 고충을 책으로 이해한다고 말하는 사람이 되고 싶지 않았다. 현장에서만 직접 겪을 수 있는 난민들의 애환과 일상을 직접 두 눈으로 봐야만 했다. 그런데 나에게도 아프리카는 미지의 땅이었다. 미디어에서 접했던 모습은 항상 기아와 전쟁으로 핏빛 나는 잔혹한 땅이었다. 그래서 2001년부터 유엔난민기구의 친선대사로 활동하는 '안젤리나 졸리'를 통해 간접적으로 아프리카의 삶의 힌트를 얻었다. 그 전쟁의 참혹한 현장에서 유엔난민기구의 파란 조끼를 입고 열심히 일하고 있는 나를 상상했다. 너무 생생해서 아프리카의 더위를 참지 못하고 물을 벌컥벌컥 마실 정도였다.

'나의 운명일까? 신의 기적 같은 선물일까?' 내가 인턴을 떠나는 해에 학교에서 공고가 떴다. 유엔난민기구와 학교와 협약을 맺어 전 세계의 유엔난민기구에서 인턴을 할 수 있도록 기회를 준 것이다. 거침없이 지원서를 작성했고 꿈에 그리던 아프리카행이 현실로 이어졌다. 삶은 그렇게 내가 간절히 원할 때 감동적인 선물을 선사했다.

탄자니아와 콩고 사이에 있는 부룬디로 떠났다. 부룬디에 있는 동안 감동적인 날도 있고, 실망한 날도 있고, 지극히 외로운 날도 있었다. 여느 삶이나 비슷하게 여러 가지 감정이 한데 섞여 하루하루를 살아냈다. 피난길에 잃어버린 엄마를 난민 캠프 안에서 찾아내 극적으로 만나게 해준 감격스러운 사건도 있었다. 우연히 만난 구호단체 직원이 실제 난민들이 발생하는 전쟁의 양상을 적

나라하게 설명해줘서 무기력한 날도 있었다. 그리고 부룬디에 나를 포함한 한국인이 5명이 채 안 되었고, 가져온 한국 음식이 다 떨어져서 외로운 날도 있었다.

그중에 가장 받아들이기 힘든 건 '실망스러운 날'이었다. 구호단체 직원의 설명에 따르면 실제 전쟁을 일으키도록 군수 물자를 대는 세력들이 존재하는 이상 난민들의 숫자는 기하급수적으로 늘어날 것이라고 했다. 난민이 사라져야 하는 게 궁극적인 목표 아니었던가. '나의 노력이 물거품이 되는 건 아닐까?' 하는 두려움이 앞섰다. 꼭 밑 빠진 독에 물 붓는 느낌이랄까. 난민 한 가족 10명이 평생 먹을 수 있는 식량의 값어치가 미사일로 공중분해 되는 현상을 이해하기가 어려웠다.

몇 십 년 동안 전쟁이 끝이 없을 것이라고 가정한다면 난민들을 돕는 방식이 바뀌어야 한다는 생각에 이르렀다. 비정부기구와 유엔에서 수동적으로 지원하는 형태로는 그들의 삶이 바뀔 수 없었다. '물고기를 잡아서 주는 것보단, 물고기를 잡는 방법을 가르쳐라'라는 말이 번뜩 스쳤다. 그렇다면 나만의 방식으로 난민들의 자립을 돕자. 처음으로 나는 사회적 기업가가 되길 꿈꿨다. 가능하다면 더 크게 생각하고, 더 크게 성장하자. 그래서 난민들이 겪고 있는 지긋한 가난과 전쟁에서 구출하자는 원대한 목표를 가지고 아프리카의 경험에 종점을 찍었다.

막상 사회적 기업을 설립하려고 보니 기업 경영에 대해서 아는 게 하나도 없었다. 그렇다면 처음부터 다시 시작해야 한다. 이미 에너지가 축적되고 응집된 분야를 잠시 내려두고 새로운 분야에 뛰어들었다. 기업의 꽃이자 필수불가결한 회계를 배워보자. 그렇게 나의 새로운 모험이 시작되었다.

회사는 나의 공부의 장이 되었다. 내가 다니는 회사가 실제 나의 기업이라고 생각했다. 회계는 회사 제반의 살림을 챙기는 부서라고 봐도 무방하다. 예산을 수립하는 방법, 현금 흐름을 관리하는 방법 인적 자원을 가장 효율적으로 배치하는 방식을 배웠다. 실무만으로 부족할 때쯤 회계공부를 다시 시작했다. 대변, 차변이라는 용어도 생소했던 내가 서른 살이 되어 새로운 공부에 도전했다.

오후 5시 정시에 칼같이 퇴근하고 퐁피두 센터 도서관으로 향했다. 늦게까지 여는 도서관이자 인터넷이 잘 터지는 유일한 공간이었기 때문이다. '서당 개 3년이면 풍월을 읊는다 하지 않았던가?'. 그렇게 나는 후천적인 노력으로 전문 분야를 키워나갔다. 저녁에 회계, 감사, 상법의 이론을 익히면 그다음 날 공부했던 분야를 실무로 접하면서 점차 지식을 확대해 나갔다.

회계 분야뿐 아니라 인사 관리 및 영업, 물류 전반에 걸쳐서 경영 사이클을 몸에 익히기 시작했다. 직접 업무를 하지 않아도 '전지적 작가 시점'으로 기업의 운영 방식을 익히는 건 큰 자산이 되었다. 회사의 비효율적인 업무 방식을 개선해나가는 방법의 핵심

요소에는 직원들의 '소통'이 항상 문제였다. 누구도 시킨 적이 없지만 원활한 소통을 위해 보이지 않는 노력을 했다. 잠깐 스쳐 지나가는 일터일지라도 항상 최선을 만들기 위해 고민했다. 완벽한 배움의 장이었다. 궁극적인 나의 삶의 목표를 위해 하루하루 배움을 채워 나가는 삶이 즐거웠다.

서른의 공부는 달라야 한다. 어렸을 때처럼 누군가 대신해서 갈 길을 정해주지 않는다. 10대에 그토록 요구되던 대학입학도 사라지고, 20대에 바라던 취직도 성취하고 나면 그다음 길은 스스로 정하는 시점이 다가온다. 사람에 따라 다를 수 있지만 20대 후반이 되기도 하고 30대 초반이 되기도 한다. 사회에서 요구하는 숙제가 끝날 때쯤 본인이 직접 수립한 목표를 향해 삶을 재정비해야 한다.

대학을 가기 위해, 취직하기 위해 간절히 바라던 그 마음이 빛바래지진 않았는지 돌아봐라. 앞으로 수명이 100세로 늘어난다면 30대부터 남은 시간은 70년이다. 30년간 이뤄놓은 것보다 더 긴 70년이 인생이 남는다. 대학에 입학했다고, 취직했다고 수동적으로 살기에는 참 긴 인생이다. 적극적으로 내가 이루고자 하는 목표가 무엇인지 정하고, 그 목표에 맞춰서 매일 성장해야 하는 공부가 30대의 공부이다. 일상의 경험과 가끔의 여행 그리고 책을 통해 얻는 깨달음과 지혜로 30대를 무장하라. 앞으로의 70년의 인생은 노력하는 만큼 더 눈부실 것이다.

002

# 파리에서 **부딪힌** 언어의 벽

프랑스인들은 모국어에 대해 자부심이 크기 때문에 다짜고짜 영어로 말을 건네는 사람에게 호의를 베풀지 않는다. 영어로 말을 걸었지만, 반응이 없는 프랑스인을 마주쳤거나 무시를 당하는 건 비일비재하게 일어난다. 한 번쯤 프랑스에 여행 온 사람들이라면 이 글을 읽고 무릎을 치면서 '맞아, 나도 그랬어!'라고 할 법하다.

그런 프랑스도 많이 변했다. 프랑스 국가 경제 성장에 이바지하는 가장 큰 분야가 '관광산업'과 '기술협약'이라는 것을 감지하기 때문이다. 전 세계에서 유입되는 인구를 감당해야 한다. 파리 중심에 있는 가장 큰 백화점 두 곳만 보더라도 아시아인지 프랑스인지 구분 못 할 정도로 관광객이 많다. 동시에 전 세계로 프랑스의 핵심 기술들을 전파한다. 프랑스의 핵심 기술을 전하려면 결국 프랑스도 피할 수 없는 세계화의 물결에 동참하게 된다.

처음 회사에 입사했을 때만 하더라도 프랑스어를 못 하는 상사와 업체 미팅을 진행하면 본인은 영어를 못 하니 프랑스어로 진행하자고 했던 때었다. 그런데 지금은 오히려 영어를 잘 하니 영어로 진행하자고 제안하기도 한다. 변화가 더딘 프랑스치고는 참 빠른 변화이다. 하지만 가장 중요한 서류나 임원진 미팅은 결국 핵심으로 파고들수록 프랑스어로 진행이 된다. 그래서 프랑스 유학을 마치고 사회 경험을 해보고 싶은 유학생이라면 프랑스어를 꼭 해야 한다. 영어를 구사하지만 프랑스어를 못하면 영어가 빛을 발하지 못하지만, 프랑스어를 구사하면서 영어까지 한다면 프랑스에서는 열렬히 환영받는 인재이다.

프랑스어는 외국인이 완벽하게 구사하기 어려운 언어이다. 한 동사가 주어에 따라서 6가지로 변한다. 현재형으로만 대화를 이어갈 수 없지 않은가. 현재형에 덧붙여 과거형, 반과거형, 복합 과거형, 미래형, 접속법, 조건법 등 동사 변화 형태만 배워도 6개월로도 부족한 언어이다. 프랑스어를 스무 살 이후로 배운다면 완벽해질 수는 없지만, 매일 완벽해지는 과정을 거칠 수는 있다.

처음 프랑스에서 일을 시작했을 때 회사에서 가장 긴장되는 순간은 전화를 받을 때였다. 면접하는 순간보다 더 떨렸던 것 같다. 외국인을 만났을 때 실제로 언어를 이해하는 것 반, 눈치로 이해하는 것 반인 나에게 상대방의 몸짓 언어를 볼 수 없다는 건 크나

큰 장애물이었다. 일부러 전화를 안 받으려고 동료에게 내가 자리에 없다고 해달라고 말할 때도 있었다. 그마저도 불가능하면 정확한 타이밍에 화장실에 가는 시늉을 했다. 어쩔 수 없이 전화를 받을 때는 상대방만 겨우 들을 수 있도록 귓속말하듯이 작게 말하거나 알아듣는 척하고 메일로 한 번 더 내용을 전달해 달라고 하기도 했다.

구사하고 있는 언어가 완벽하지 않다고 느낄 때 한없이 움츠러드는 나를 발견했다. 메일로도 정확한 의사가 전달되지 않을 때, 화를 내야 할 시점에 화를 내지 못할 때, 올바른 표현을 찾지 못할 때 모국어처럼 구사할 방법은 없을까. 전화로 대화하는 게 싫다고 마냥 피할 수는 없는 노릇이었다. 그때 깨달았다.

'완벽하지 않다는 한계 안에 나를 가두지 말자'

실제로 문법적으로 틀려도 자신감 있게 말하는 사람을 보면 신기하게도 이해가 된다. 반대로 자신감 없이 말하는 사람을 보면 맞는 문장이어도 어느 부분이 틀리지 않는지 더 유심히 보게 된다. 조금의 실수가 있더라도 가장 중요한 건 대화를 하는 것이다. 가장 부족한 점이 무엇인지 찾기 시작했다. 실제 '프랑스어' 자체보다 '회사용어'를 몰랐던 것이 나의 자신감을 갉아먹고 있었다. 사회 초년생으로 경험이 부족한 걸 들키지 않으려고 부단히 노력했기 때문이다. 오히려 방법은 더 간단했다. 일반 프랑스 친구들이랑 일상적으로 사용하던 언어가 아닌 '회사의 언어'를 새로 배우기만 하면 됐다.

그때부터 프랑스 동료들의 전화를 유심히 듣기 시작했다. 전화를 받는 법, 말하는 속도가 빠를 때 정중하게 속도를 조절하는 법, 나의 책임 영역 밖일 때 상사를 연결해 주는 법 등 아주 사소한 것도 다 받아 적었다. 그렇게 나만의 전화 대응 안내서를 만들었다. 회사의 용어는 오히려 몇 가지만 배우면 훨씬 더 세련돼 보이는 대화를 할 수 있었다. 작은 변화로 조금 더 당당할 수 있는 법을 배웠다.

흔히 우리는 외국어를 배울 때 완벽해질 때를 기다렸다가 언어를 사용한다. 특히 한국 사람들은 영어 문법이라면 누구보다 오랫동안 배웠어도 외국인 앞에서 영어로 말하는 걸 꺼린다. 틀렸다는 사실을 담담하게 받아들일 용기가 없기 때문이다. 그런데 TV 프로그램 비정상회담에 나오는 외국인을 보아도 한국어로 대화를 하는 외국인들이 그저 한없이 사랑스럽지 않은가. 실수를 남발해도 열심히 말하려고 노력하는 모습을 보면 그렇게 자랑스러울 수가 없다. 외국어를 하는 우리도 외국인 눈에는 그렇게 보일 것이다.

자신감만 하나 덧붙인다면 완벽한 대화를 할 수 있다. 자신감 있게 말하고 싶은데 외국인 앞에만 서면 한없이 작아지는 나를 키워준 무대가 있다. 바로 머릿속 상상력이다. 나는 상상할 수 있는 모든 장면을 머릿속에 그린 후 거침없이 대화를 이어나갔다. 질문도 대답도 혼자 다 한다. 영어를 배울 때도, 프랑스를 배울 때도 똑같은 방법을 썼다.

머릿속의 상상으로 하는 대화에서는 자신감이 넘쳐난다. 틀렸다고 지적할 사람도 없고 비웃을 사람도 없기 때문이다. 혹시나 막히는 문장이 있다면 즉시 그 단어를 찾아보거나 적어두었다가 맞는 표현을 원어민 친구들에게 물어보곤 했다. 꼭 머릿속에서 실험했던 장면들은 현실에서 실제로 일어났다. 그럴 때면 몇 번이고 되뇌었던 문장들을 현실로 꺼냈다.

자신감에 마지막으로 '담담해질 용기'만 준비하면 된다. 모국어도 가끔 틀릴 때가 있는데 외국어 틀리는 건 어찌 보면 당연한 것 아닌가. '틀린다고 지적하는 것에 담담할 준비가 되어 있어'라는 마음가짐으로 대화를 이어나가면 된다.

언어를 배우다 보면 오히려 실수를 크게 한 만큼 더 크게 배운다는 것을 안다. 많은 사람들 앞에서 얼굴이 화끈거릴 정도로 큰 실수를 한다면 살아있는 나날 동안 그 실수를 되풀이하지 않으려고 부단히 노력하게 된다. 어느 날 보면 실수한 크기만큼 성장해 있는 나를 발견할 것이다. 그러니 실수할 수 있음에 감사해라. 실수한 횟수만큼 더 나를 강하고 단단하게 성장시킬 것이다.

003

# 불편함과 **친해지기**

파리는 아름다운 도시이다. 특히 날씨가 좋은 봄부터는 겨울 동안 얼어붙은 파리지앵들의 마음을 모두 녹여버린다. 하지만 짧게 머물다 간 사람이 이해하지 못하는 파리만의 어두움이 있다. 4시만 되도 해가 지는 겨울은 특히나 프랑스 사람들에게도 견디기 힘든 시간이다. 그래서 프랑스 여행을 하다 보면 의문이 들 것이다. '왜 노천카페의 의자는 매연 가득한 도로를 바라보며 일렬로 줄지어 있는 것일까?'. 공평하게 나란히 앉아 햇볕을 쐬기 위해서다.

10월부터 약 6개월 동안 이어지는 우중충한 날씨와 우울한 마음을 깨워주는 것이 바로 햇빛이다. 그래서 그렇게 햇빛만 나면 그동안 부족했던 비타민D를 조금이라도 더 충전하려고 공원으로, 노천카페로, 바닷가로 간다. 얼굴의 노화를 막기 위해 자외선을 차단하려는 한국인들에겐 조금 생소한 모습이다. 그래서 프랑스에서 오랫동안 겨울을 나야 할 기회가 있다면 어두움과 추움을 각오하고 와야 한다.

프랑스에 막 정착하기로 마음먹은 사람이거나 이미 정착했다면 날씨 외에도 한 가지 알아두어야 할 것이 있다. 프랑스의 불편함과 친해져야 한다. 전 세계에서 가장 아름다운 도시로 손꼽히는 곳이지만 막상 살기 시작하면 내가 아는 프랑스가 맞나 할 정도로 불편할 것이다. 특히 한국에서 사는 삶이 익숙한 사람이라면 프랑스의 삶이 느리고 답답하게만 여겨진다. 불편함을 받아들일 준비를 하고 온다면 대환영이다.

우선 거주지에 대한 공급보다 수요가 더 많은 파리에서는 집 구하기가 하늘의 별 따기다. 집을 구하는 절차도 복잡하고 까다롭지만, 집을 구하고 나서도 숙제의 연속이다. 인터넷 설치에 전력청에 직접 전화해서 전기가 들어오게 하는 것도 절차가 복잡하다. 인터넷 설치는 거의 2주에서 한 달이 소요되기도 한다. 프랑스 공공기관에 전화해서 한 번에 전화 연결이 된다고 하면 거의 그 날은 정말 운수 대통한 날이다. 핸드폰 약정 해지할 때도 편지로 직접 보내야 하는 수고로움이 있다. 이 시대에 새로 건축한 건물 안에 엘리베이터가 없어 계단을 이용할 수밖에 없다니. 게다가 와이파이가 지하철에서도 터지다가 갑자기 파리 지하철을 타면 전화 연결도 불가능하다는 사실을 알면 깜짝 놀랄 것이다. 불편함을 열거하자면 끝이 없다.

내가 파리에서 일하는 당시 친동생이 엑상프로방스 Aix en Provence 지방의 한 대학교에 교환학생으로 왔다. 익히 프랑스의 불편함을 귀에 딱지가 앉도록 이야기 한 터라 대충 이해했을 거로 생각했다. 특히 주말에 여는 상점이 많이 없으니 먹을 것은 미리 사두라고 이야기했는데 괜히 엄마의 잔소리 같을까 봐 여러 번 이야기 하지 않았다. 그런데 아니나 다를까 일요일 저녁에 전화가 왔다. 토요일에는 친구들과 시간을 보내느라 장 보는 시간을 놓치고 일요일마저 늦잠을 자느라 결국 마트에 가지 못했다고 한다. 일요일 오후 1시면 대부분 가게가 장사를 접는다. 파리였으면 나가서 패스트푸드라도 쉽게 구할 텐데 지방이다 보니 열려있는 상점이 하나도 없었다고 했다. 내가 행여나 걱정할까 봐 친구들한테 다행히도 빵을 얻어서 먹었다고 했다. 그러나 기력이 없는 목소리를 봐서는 쫄쫄 굶은 것 같았다.

마음이 쓰였다. 그래도 프랑스에서는 흔히 겪는 일이기 때문에 언젠가는 한 번은 겪어봐야 미리 준비하는 습관이 생긴다. 한국에선 24시간 하는 마트도 있고, 가게들도 늦게까지 여니 불편한 게 없다. 그런데 한국에서 생활하던 똑같은 습관으로 프랑스에 산다면 낯선 불편함이 당황스러울 수밖에 없다.

프랑스의 또 다른 가장 큰 불편함이 바로 지하철이다. 지하철의 불편함에도 역사가 숨어있다. 영국의 산업혁명이 끝나고 처음 영국에 지하철이 설립된 이후로 점차 기술을 유럽으로 확대하기 시작했다. 프랑스의 첫 지하철 설립연도는 1900년도이다. 서울이 1호선 지하철이 1971년도에 설립 완공이 된 걸 보면 프랑스가 무려 70년 정도를 앞섰다.

옛날 영국의 전동차의 모습을 그대로 재현하는 수동식 손잡이는 매우 불편하다. 한국의 지하철이 자동문 장착에 보호막까지도 자동인 판국에 손으로 직접 열어야 한다니 말 그대로 경악을 금치 못했다. 게다가 철로를 유심히 보면 쥐가 득실거리는 걸 목격할 수 있다. 지하철 먼지를 온몸에 묻힌 것인지 다른 돌이랑 색깔 구별이 안 된다. 돌멩이같이 작은 물체가 이리저리 움직이고 있다면 그건 십중팔구 쥐일 가능성이 크다. 예전엔 쥐를 보면 기겁하고 놀랐지만, 이제는 〈라따투이〉 영화에 나오는 쥐처럼 귀여워 보일 때가 있다.

어디 이뿐일까. 이미 기술이 발전한 1970년도에는 한국 지하철 안에 유 무선 통신망을 확보하기가 훨씬 더 쉬웠다. 그러나 프랑스에 처음 지하철이 도입된 시기에는 무선 통신망 설치가 한국만큼 발달 되어 있지 않았을 것이다. 파리의 지하철 안에서 전화가 끊기거나 문자가 전송되지 않고 어떤 무선망도 인식하지 못한다면, 역사가 살아 숨 쉰다고 생각하면 좀 편해진다. 어느새 익숙해져서 여느 파리지앵처럼 지하철에 앉자마자 책을 편다. 집중하기 딱 좋은 장소이다. 프랑스의 삶은 불편함과 친해지는 과정이다. 인간은 적응의 동물이라 하지 않은가.

'왜 선진국인데 이렇게 불편해?'라고 반문할지도 모른다. 그런데 선진국이기 때문에 불편하다. '한국에서 누렸던 편리함과 빠름은 누군가의 불편함으로 가능했던 건 아닐까?'라는 생각이 들었다. 24시간 열린 상점에서 일하는 사람들의 수고스러움으로 나는 편리함을 누릴 수 있었다. 24시간 고객의 전화에 응대하는 사람들의 수고를 무시했다. 프랑스인의 시각으로 보면 한국의 전화 상담원들이 늦은 시간 전화를 받아주는 것도 기적이다. 그런데 혹시나 그런 상담원에게 본인의 불편함을 알리는 나머지 그분들의 감정을 무시했던 걸 편리함으로 착각했던 건 아닐까?'.

그런 프랑스가 변화의 물결을 타고 있다. 노동개혁을 통해 경제 위기를 회복하는 노력이 곳곳에서 보인다. 현재 파리 같은 경우에 경제 활성화를 위해 주말에도 대형 백화점을 연다. 그런데 불과 몇 년 전만 해도 소상공인들을 위해 큰 마트나 백화점들은 법적으로 주말에 영업할 수 없었다. 모든 편의 시설이 몰려있는 대형 상점이나 백화점들이 열지 않으니 주말 벼룩시장과 골목 상권이 살 수밖에 없었다. 아직도 프랑스의 지방에서는 이 관습을 이어나가고 있다.

2024년 올림픽 개최국이 파리인 만큼 전략적으로 준비하고 있다. 파리의 크기가 확장되면서 지하철도 증설될 예정이다. 그리고 새로 취임한 마크롱 대통령의 야심 찬 5개년 계획으로 대대적으로 프랑스 전역과 지하철 안으로 통신망이 설치될 예정이다. 프랑스는 자신들의 속도에 맞춰 발전하고 있다. 모든 게 빠른 한국인의 시각으로 볼 때는 느리고 불편해 보이지만, 프랑스에서만큼은 불편함을 이해하는 관용이 필요하다.

프랑스의 불편함을 들여다보면 사람에 대한 이해와 애정이 담겨 있다. 우리가 익히 알고 있는 가맹점들은 대체로 직장인들이 퇴근하는 시간에 맞춰 문을 닫는다. 그리고 주말에는 열지 않거나 제한된 시간만 연다. 긴급한 연락망이 아니라면 주말에는 전화 상담원들도 휴식을 취한다. 다른 사람들이 쉴 때 같이 쉴 수 있는 자유. 언뜻 보면 자본주의 사회에서 말이 될까 싶지만, 자본보다도 사람의 권리를 우선시하는 프랑스의 뜻 깊은 애정이 서려 있다.

004

# 프랑스에서 **살아남는** 인생 2막 생존법

처음으로 프랑스에서 경제활동을 시작했을 때이다. 가장 어린 막내로 시작한 회사에서 회계와 영업 지원 업무도 같이했다. 정기적으로 영업 회의가 열리면 회의 준비를 맡아서 하는 것도 내 역할이었다. 한 번은 영업 회의가 생각보다 길어졌다. 그래서 예약해둔 식당으로 가지 못하고 전체 인원이 샌드위치를 먹어야 하는 상황이 발생했다.

나름대로 동료들과 상사들의 입맛을 고려하여 여러 가지로 주문을 마쳤다. 회의가 끝나자마자 먹을 수 있도록 세팅을 하고 회의가 끝나기만을 기다렸다. 순발력을 발휘하여 준비한 것이기에 내심 고맙다는 말을 기대하고 있었다. 그런데 마케팅 매니저였던 40대의 프랑스 여성 동료가 어린아이처럼 투정을 부렸다. 그녀가 원하던 탄산음료가 없다는 것이다. 말투가 매우 무례했다.

최대한 많은 사람을 고려해서 주문했다. 그런데 만족하지 못한다고 떼를 쓰다니 무척 당황스러웠다. 나도 모르게 '미안해, 다음번에 원하는 대로 주문할게'라고 대답해 버렸다. 그 상황을 무마하고자 무심결에 나온 대답이었다. 그런데 좀 억울했다. 마침 옆에서 지켜보고 있던 라오스계 프랑스인 동료가 무례했던 그 동료에게 한마디 툭 내던졌다. "2유로 있지? 밑에 1층에 내려가면 자판기 있으니까 거기서 사 마셔". 침묵이 이어졌다. 본인의 무례함을 깨달은 듯 민망한 표정을 내비쳤다. 가끔 프랑스어로 농담을 할 때면 같이 웃었는데 한참 후 뜻을 생각해보면 나를 비웃는 말투도 있었다. 그런데 그 순간에 웃었으니 이 동료는 그동안 나를 얕잡아 보고 있었다. 보다 못한 다른 동료가 나서서 사건을 중재해준 것과 다름없었다. 마케팅 매니저는 우리와 10살 이상 차이 났다. 아마 한국이었다면 아무 말 하지 못하고 꿀 먹은 벙어리가 되었을 것이다.

전혀 상상할 수 없는 동료의 대답에 통쾌함을 느꼈다. 그 동료는 그 순간 나를 대신 보호해주었다. 그 뒤에 조용히 밖으로 불러냈다. 프랑스에서는 상처 준 사람이 상처를 입히고 당당하지 못하도록 나 자신을 지키는 것도 나의 몫이라고 말해주었다. 그렇다. 자신을 스스로 보호해야만 한다.

그동안 받았던 교육방식과는 너무 달랐다. 한국에서 사회생활을 할 땐 개인의 의견을 드러내지 않는 것이 미덕이지 않았던가. 누군가 나에게 피해를 주어도 침묵하는 게 예절이라고 배우지 않았던가. 그런데 프랑스에서는 자신을 감정을 표현하는 법을 꾸준히 배워야 했다. 기분 좋은 걸 표현하는 것도 다양하다. 하지만 감정이 상했을 때 표현하는 법도 중요했다. 프랑스인들은 나에게 상대방의 무례함에 속수무책으로 당하고만 있지 말라고 가르침을 주었다.

프랑스는 자존감이 매우 높은 개인들이 한데 어우러진 나라이다. 사소한 것에서도 목소리 내는 걸 두려워하지 않도록 가르친다. 그래서 표현하는 걸 두려워하는 나 같은 동양인들을 보면 자꾸 시험하려고 한다. 어디까지 받아칠 수 있는지 확인하는 기 싸움이 벌어지는 것이다. 신기하게도 무례한 발언에 강하게 대항하면 그다음부터는 함부로 대하지 않는다. 그런데 무례한 발언에도 순종적으로 받아들이는 태도라면 지속해서 시험한다. 그래서 스스로 목소리 내는 법을, 그리고 강해지는 법을 배워야 한다.

프랑스 학교에서 시험을 보고 결과가 만족스럽지 않을 때도 본인 목소리를 낼 수 있다. 평가의 결과가 논리적이지 않으면 꼭 가서 확인을 받는다. 학교에서뿐 아니다. 회사면접을 치를 때도 똑같다. 프랑스에서 가장 규모가 큰 4개의 회계법인 중 한 곳에서

면접을 본 적이 있다. 여느 한국의 대기업과 비슷하게 미리 면접을 보기 전에 적성검사를 진행했다. 검사 결과는 2주 뒤에 면접을 볼 때나 알 수 있었다.

놀라운 건 적성검사는 지원자의 업무의 적합성을 결론 내주는 데 그치지 않았다. 결론에 대해서 반박할 기회를 준다. 테스트 결과로 나온 결과서 보다 더 두꺼운 종이를 나눠준다. 사회성, 업무 적응 능력, 사고력, 인지력으로 나눠진 카테고리별로 변론할 수 있도록 여지를 남겨 두는 것이다.

예를 들어, 나는 매우 사회적이고 동료와의 팀워크를 중요시하는 사람이다. 그런데 테스트 결과에서는 혼자 일하길 좋아하고, 상사의 업무 지시보다는 자율적으로 일하는 걸 좋아한다고 나온다. 그때, 한 번 더 본인의 성향을 논리적으로 반박할 수 있도록 기회를 준다. 개인을 존중하지 않으면 나올 수 없는 제도이다.

하루 반나절 동안 면접을 보았다. 당시 면접은 4가지로 진행되었다. 적성검사, 그룹토론, 논리력 시험, 담당자 면접으로 구성됐다. 2주 후, 그 회계법인으로부터 불합격 통지서를 받았다. '아쉽게도 귀하의 화려한 이력에도 불구하고 같이 일 할 수 없음에 유감을 표하는 바입니다. 그리고 행운을 빕니다.'라고 간결하게 쓰인 이메일을 받았다.

바로 회사 인사 담당자에게 전화를 걸었다. 떨어지더라도 불합격한 이유는 자세히 알아야 했다. 어느 곳에서 부족했고, 왜 그 회사에 적합하지 알고자 하는 건 구직자의 당연한 권리였다. 인사 담당자는 내 면접 서류를 찾는 동안 잠시만 기다리라고 했다. 그러곤 차근히 면접 단계별로 강점과 단점을 설명해 주었다. 빼곡하게 받아 적었다. 전화를 마치고 나서 그 회사에서 원하는 자리를 얻지 못했다는 사실이 슬프지 않았다. 비록 그 회사의 적합한 사람은 아니었더라도, 개선할 점을 정확히 깨달았기 때문이다. 실패의 경험을 완벽히 배움의 기회로 바꿔준 경험이다.

프랑스에서 수많은 실패를 겪었다. 그리고 매일같이 실수를 경험한다. 동료와 같이 일할 때, 외부 업체와 협력을 할 때 한국문화와 달라서 얼굴 붉힌 적도 많다. 그리고 프랑스어 표현을 매일 틀리기도 한다. 그런데 나는 매일 실패하는 것이 무섭지 않다. 실패할수록 얻는 게 더 많기 때문이다. 그렇게 겪은 경험 한고비마다 나는 한 뼘씩 자라났다. 그리고 나로 당당히 설 수 있도록 격려 받았다. 나의 목소리를 내도 충분히 존중받을 수 있는 사회에서 산다는 것은 굉장한 축복이다.

프랑스에서 장기 체류하고 있는 사람이라면 한 번쯤 겪었을 경시청의 공포가 있을 것이다. 잘 못 한 것 없는데 한없이 경시청 직원 앞에만 서면 작아지는 나를 느낀다. 평소에 잘 하던 말들도 그분 앞에만 서면 더듬거린다. 서류라도 하나 놓치고 왔을 땐 그야말로 식은땀이 줄줄 흐른다. 그래도 우리 당당해지자. 한국의 치열한 경쟁률을 다 이겨내고 정말 똑똑하게 공부한 한국인들이여 경시청 앞에서 주눅 들지 말자. 한국인의 경쟁력은 생각보다 강하다. 실패를 발판 삼아서 더 강력해져라. 그리고 24시간, 365일을 프랑스에서 보낸다면 프랑스어를 잘하자. 이왕 할 거 프랑스인도 감동하게끔 프랑스어를 구사하자. 내가 강해질 수 있는 건 언어와 태도와 지식의 삼박자가 고루 갖춰졌을 때 가능하니까.

005

## 서른 살의 **위시리스트**

나는 어렸을 때부터 항상 하고 싶은 게 많은 아이였다. 호기심이 많아서 직접 해보지 않으면 직성이 풀리지 않았다. 직접 경험해보고 가슴이 뛰는 일이라면 바로 다음 날이라도 장래희망으로 바뀌었다. 덕분에 나의 장래희망은 되고 싶은 거로 넘쳐났고 자주 바뀌었다. 선생님, 교육감, 외교관, 동시통역사, 유엔기구의 직원 되기 등 꿈이 참 많았다. 그런 나를 보면서 부모님은 '전 세계를 너의 무대로 만들 거라!'라고 말씀해 주셨다.

한비야의《바람의 딸, 걸어서 지구 세 바퀴 반》,《중국견문록》을 읽으며 크면 꼭 한비야'언니'처럼 세계를 누비는 멋진 여성이 되어야겠다고 다짐했었다. 그리고 가능하다면 나의 재능으로 많은 사람에게 도움이 되는 일을 하고 싶었다. 한 번 사는 인생이라면 나만을 위한 이기적인 삶이 아니길 바랐다. 나로 인해 더 많은 사람이 행복한 삶을 살면 좋겠다고 생각했다. 20대 때 한 국제회의에서 한비야 작가님을 만났다. 만날 생각을 하니 심장이 떨렸다. 조심히 다가가서 인사를 드렸다. 그분은 감격스러운 현장에서 두 눈을 마주치며 손을 한동안 꽉 잡아 주셨다. 나의 마음이라도 읽으신 건지 사인을 해달라고 건넨 노트에 이렇게 적어주셨다.

'가슴속에 간직한 그 꿈, 꼭 이루거라!'

그러다 문득 그런 생각이 들었다. 세상은 '직'을 성공의 기준으로 판단한다. 아무리 '업'으로 삼고 있더라도 '직'이 뒷받침 하지 않으면 영향력이 적다고 생각한다. '직업'이란 단어에서 '직'은 국가기관, 공공기관, 사기업 등에서 위임받은 일정한 직무나 직책을 뜻한다면 '업'은 행위, '직'을 부여받지 않아도 할 수 있는 일을 뜻한다. 만약 내가 이루고 싶은 게 '직'이라면 원하는 꿈 대부분은 이뤄지지 않았다. 하지만 관점을 바꾸어 '업'을 이루는 데 초점을 두면 나는 원하는 모든 꿈을 이룬 사람이었다.

전 세계 어디에 있던지 나는 나 자신을 걸어 다니는 외교관이자 동시 통역사라고 여겼다. 나를 직접 만난 사람에게는 내가 한국을 대표하는 사람이었다. 그리고 언어를 통해 문화와 역사를 전달하는 역할을 하는 사람이었다. 그동안 캐나다, 미국, 아프리카,

프랑스를 옮겨 다니면서 한국을 생소하게 느끼는 사람들을 여럿 마주쳤다. 10년 전부터 꾸준히 해외를 돌아다니면 사람들은 내가 어디서 왔는지 물었다. 한국이라 답하면 일본과 중국은 아는데 꼭 한국은 몰랐다. 우리의 국력이 그쯤인 거구나. 외교관이 될 때까지 기다리지 말고 내가 민간외교를 하자.

외국에 사는 한국인들은 한국 외교의 수준을 피부로 느낀다. 그나마 북한으로 인해 한국의 인지도가 높아졌다. 뉴스에서 북한의 도발에 관한 보도만 나오면 그날은 온종일 한국의 분단 역사와 강대국과의 관계 위안부 문제까지 쉴 새 없이 설명하느라 흥분했다. 파리에 피비린내 났던 테러 사건도 잠시 프랑스의 위험한 상황보다 한국을 걱정하는 프랑스인들이 훨씬 더 많았다. 남한과 북한은 서구사회의 끊임없는 호기심의 대상이 되었다.

2018년 4월 남북정상회담을 보면서 가슴이 뭉클했다. 외국살이 10년 동안 처음으로 북한과 남한에서 진정한 '평화'에 가까워짐을 온 국민이 느꼈고, 외국 사람들도 느꼈다. 전 세계 많은 사람이 대한민국의 행보에 응원을 보냈다. 외국 사람들은 종종 나에게 통일을 원하느냐고 묻곤 했다. 항상 그때마다 '우린 갈라설 수 없는 한민족이다.'라고 대답해주곤 했다. 남북정상회담이 있었던 날은 스스로 부여한 '직'과 '업'이 그렇게 자랑스러울 수 없었다.

서른 살이 되어서도 여전히 하고 싶은 '업'이 많다. 나의 위시리스트에는 100가지 정도가 빼곡히 적혀있다. 매년 초마다 새로 위시리스트를 작성하고 이룰 때마다 하나씩 리스트에서 지워나간다. 난민들의 자립을 돕는 사람이 되고 싶고, 파리 유학생들의 멘토가 되어주고 싶고, 파리의 한글책 카페의 주인장이 되고 싶다. 그리고 종일 책을 읽으며 글을 쓰는 사람이 되고 싶다. 지금까지 그랬던 것처럼 꿈을 뒤로 미루지 않기로 했다. 할 수 있는 가장 작은 단위부터 시작하기로 했다.

난민들의 궁극적인 자립을 도울 방법이 무엇인지 고민하다 2013년 아프리카에서 지내는 동안 적었던 일기를 펼쳐보았다. 직접적인 생계를 위해 식량과 주거 및 의류를 제공하는 것 외에 내가 할 수 있는 일이 무엇일까? 일기를 들여다보니 치열하게 고민했던 흔적이 여실히 드러났다. 마침 눈에 띈 아프리카 천이 정말 예뻐 보였다. 색이 매우 알록달록해서 아프리카 사람들이 입는 옷으로 만들면 조금 촌스러워 보일 수 있지만, 천을 이용해 천 가방을 제작하면 좋을 것 같다는 생각에 이르렀다. 직접 제작한 천 가방을 판매하여 초기 자본금을 마련하고, 손재주가 있는 사람들에게 재봉틀을 선물하겠다는 계획을 짰다. 그렇다면 스스로 자립하여 경제활동을 할 수 있으니 완벽한 계획 같아 보였다.

그러나 초등학교 가정시간 이후로 바느질을 해본 적이 없는 나는 난관에 봉착했다. 손재주도 딱히 없는 내가 어디서부터 시작할 수 있을까? 다음날 나는 재봉틀을 사 왔다. 그리고 몽마르트 앞에 있는 천 시장에서 아프리카 천을 3미터 정도 떼왔다. 작은 스튜디오는 작업실로 변했고, 천을 자르고 재봉틀로 연습하는 동안 시간이 가는 줄 몰랐다. 그렇게 세 작품 정도 가방을 제작하고 나니 난 이미 지쳐있었다. 이렇게 해서는 누군가를 자립시키기는커녕 내가 포기해버릴 것만 같았다.

손재주가 있는 사람을 찾아야겠다는 생각이 들었다. 정말 우연히도 디자이너로 활동하는 코모로 출신 프랑스 친구를 만나게 되었다. 놀랍게도 그 친구와 내가 공유하는 목표가 꼭 맞아떨어졌다. 코모로의 많은 사람이 경제적으로 자립하지 못하고 프랑스에 있는 가족들로부터 경제적 지원을 받는 현실이라고 이야기해 주었다. 그날로 우리는 공동 프로젝트를 시작했다. 우리처럼 새내기 창작자들의 판매지원을 위해 플랫폼을 마련한 텀블벅에 프로젝트를 개시했다. 가족들과 친구들의 응원이 끊이지 않았다.

이 경험을 통해 내가 선택하면 그 즉시 창조자가 될 수 있다는 걸 알았다. 내가 원하는 결과가 다가올 거라고 무한정 바라는 대신에 할 수 있는 작은 행동부터 시작하기로 했다. 그리고 그 작은 행동들이 모여서 결과를 만들어 냈다. 직장을 다니는 동시에 이중생활을 하니 그 과정에서 힘들고 지치기도 했다. 그래도 내가 포기하지 않는 한 실패는 없었다. 실패한다 하더라도 괜찮았다. 적어도 도전은 했다는 증거이기 때문이다.

원하는 만큼 이룰 수 있다는 걸 경험으로 깨달았다. 그렇게 점점 갈수록 나의 위시리스트는 구체적으로 변하기 시작했다. 특히 적을수록 목표의 초점이 명확해지는 걸 느낄 수 있다. 처음에는 무언가를 '하고 싶다'라는 추상적인 마음이 들어도 괜찮다. 원하는 걸 천천히 들여다보고 실천해야 하는 항목들을 써 내려 간다. 그리고 할 수 있는 가장 최소 단위부터 시작하면 된다. 한 가지를 성취하면 그다음으로 나아가는 건 더 쉽다.

원하는 목표를 이루는 과정에서 가장 중요한 것은 꿈을 매일 보고 시각화하는 훈련이다. 나만의 둥지인 집은 꿈을 꾸는 장소로 탈바꿈한다. 혼자 사는 사람이라면 스튜디오가 꿈이 장소가 될 테고 가족과 같이 사는 사람이라면 나만의 방이 꿈꾸는 장소가 될 것이다. 나는 이루고 싶은 목표가 크게 적힌 리스트는 화장대 옆에 붙여두고 매일 본다. 그리고 똑같은 문구를 작은 쪽지에 적어 지갑에 넣어두고 다닌다. 종이를 볼 때마다 어떻게든 추진해야겠다는 진취적인 마음이 들 때도 있고, 아직 행동으로 옮기지 못해 마음의 짐처럼 느껴지는 날도 있다. 항상 곁에 두고 눈으로 목표를 인식한다는 것은 목표를 뇌와 심장에 새기는 것과 다름없는 작업이다.

나는 매년 초 사랑하는 사람과 위시리스트를 작성한다. 올해는 마흔 명이 넘는 사람들에게 신년계획을 새울 겸 위시리스트를 같이 작성하자고 제안을 했다. 10분의 시간을 주고 올한 해 이루고 싶은 핵심사항 딱 5가지만 적을 수 있도록 했다. 순식간에 써 내려가는 사람도 있었고, 본인이 무엇을 원하는지 모르는 사람도 있었다. 순식간에 써 내려가는 사람은 평소에 본인이 이루고자 하는 목표를 어느 정도 구체적으로 생각하고 있던 사람이다. 그리고 글로 명확한 목표를 세운 사람들은 가끔 연락이 온다. 지갑에 넣고, 거울에 붙여놓고 매일 본다는 것이다. 그리고 하나씩 이뤄가는 과정을 나에게 말해준다. 그러니 여러분도 명확하게 원하는 것을 꼭 써보는 과정을 거치기 바란다. 원하는 만큼, 구체적으로 적는 만큼 나의 '위시리스트'는 성공으로 가득할 것이다.

006

# 버킷리스트, **책 쓰기에** 도전하다

나는 항상 책을 통해 위로받고 자극을 받았다. 좋은 책으로 지식을 얻고 지혜를 축적했고 책을 통해 실패를 최소화하는 방법을 찾아 헤맸다. 그리고 책을 통해 마음의 평정심과 행복해지는 법을 찾았다. 나를 성장 시킬 수 있는 책이라면 역사, 인문, 투자, 건강, 자기계발 등 분야를 가리지 않고 읽었다. 좋은 책은 읽는 동안 글이 몸을 관통하는 느낌을 받는다. 그래서 좋은 책을 만나는 건 인생의 멘토를 만나는 것과도 같다. 내 인생으로 가져오고 싶은 글들은 노트에 옮겨 적고 습관으로 굳혀질 때까지 반복하고 또 반복했다. 독자로 사는 삶은 충분히 행복했다.

항상 베스트셀러는 성공한 사람들의 이야기로 가득했기에 배울 것 천지였다. 하지만 성공한 사람의 책을 보면서 가끔 그 사람들의 이야기가 소원하게 느껴지기도 했다. '나와는 조금 동떨어진 이야기는 아닐까?' 그렇다면 나와 비슷한 환경에 처한 사람이 이뤄낸 사례는 없을까. 전 세계적으로 성공한 사람의 책 못지않게 평범한 사람이 주는 일상의 성공담에서 용기를 받았다.

독자로만 살았던 내가 책을 쓴다는 건 상상도 하지 못했던 일이다. 게다가 책을 쓰는 건 항상 권력이 있고 성공한 사람들의 영역이지 않았던가. 그러나 성공의 크기에 상관없이 시련을 견뎌낸 사람들의 이야기는 언제나 나에게 깊은 울림을 주었다. 실제로 깊이 들여다보니 성공한 사실 자체보다 실패를 딛고 일어나는 과정에 열광하고 있는 나를 발견했다.

실패라면 여럿 맛보았으니 실패담을 적는 건 자신이 있었다. 나의 실패를 타산지석으로 삼아 성공의 디딤돌로 사용하는 사람들에게 힘이 되는 글을 쓰고 싶어졌다. 나만의 이야기를 쓸 생각에 흥분되기 시작했다. 전 세계가 본인의 활동 무대라고 생각하는 사람들에게, 프랑스의 유학 생활을 유익하게 보내고 싶은 친구들에게, 아니면 내가 예상하지 못했던 분야에서 누군가에게 사고의 전환점이 될 수 있으면 좋겠다는 생각에 이르렀다. 그런데 과연 책 쓰기는 어디서부터 시작해야 하는 걸까?

서강대 철학과의 교수님의 책 《탁월한 사유의 시선》에서 힌트를 얻었다.

"스스로 사유하지 못하고 다른 사람이 한 사유의 결과들로 자신을 채우면, 그것은 노예적 삶이다. 철학적으로 사유한다는 것은 노예적 삶에서 벗어나 자유로운 독립을 이루는 여정에 나선다는 뜻이다."

글을 쓰는 건 결국 개인마다 노예의 삶에서 자유를 이루는 여정을 낱낱이 공개하는 것이구나. 주입된 교육방식에서 벗어나 주체적으로 사고하는 과정을 공유하는 것과 다름없었다. 프랑스 대학원에서 석사 공부를 하면서 가장 혹독하게 훈련받은 부분이 글쓰기였다. 학부에서 어문학을 전공하면서 글을 쓰는 과제는 극히 일부였다. 글쓰기 과제가 있으면 그나마도 '지식인'을 통해서 얻은 정보를 조합하는 것에 지나지 않았다. 그래서 초반에 프랑스에서 유학하면서 글쓰기가 어렵다는 걸 뼈저리게 느꼈다. 다른 사람의 사유를 내 사유로 착각하고 살았던 노예의 삶에서 알을 깨고 나오는 과정이니 힘들 수밖에 없었다. 자유는 생각보다 쉽게 오지 않았다.

한 과목마다 매 학기 스무 장 정도의 논문을 제출해야 했다. 수업 과목이 한 학기당 10개 정도 됐으니 족히 200장은 거뜬히 써댔다. 나의 전공은 영어로 진행이 되었다. 20년 이상을 배워온 언어이니 프랑스어보다는 공부하는 과정이 더 수월하지 않을까 하여 일부러 영어과정을 선택했다. 그래도 어려워서 눈물을 쏙 빼놓은 적이 한두 번이 아니었다. 표현이 매끄럽지 못한 건 둘째 문제였다. 논리적으로 생각을 풀어내는 과정이 눈물겹게 힘들었다.

논문의 제목을 선정하고, 서론부터 결론을 구성하는 과정 및 관련 자료를 찾는 방법까지 2년 동안 혹독하게 훈련을 했다. 연구 내용이 기존의 연구 내용과 겹쳐서도 안 되고 이론을 열거하는 것에 그치는 건 더더군다나 허용되지 않았다. 다른 사람의 자료를 인용하면서 세 단어 이상 겹쳐서도 안 됐다. 말 그대로 재운 지식을 토대로 본인의 경험과 사고를 새로운 언어로 각색해야 한다. 교수님들은 논리의 흐름도 정확히 짚어냈다. 교수님은 참고문헌으로 논문의 주장을 뒷받침하는 법을 가르쳐 주셨다. 그리고 현실 상황과 맞지 않는 논리라면 살아있는 전문가를 직접 찾아가서 조언을 듣고 오게끔 하셨다. 그야말로 오랜 지식과 살아있는 지식을 끊임없이 비교하고 새로운 합의점에 도출하는 법을 배웠다.

프랑스에서는 논문을 완성하는 것이 목표가 아니었다. 대학교수님은 실제 개발 현장의 전문가분들이 대부분이었다. 전문가들은 현장에서 일어나는 문제의 해결점을 찾기 위해 학생들의 기발한 아이디어를 기대하고 있었다. 어른들의 낡은 시야가 길을 가로막았을 때 학생들의 참신한 생각들로 돌파구를 찾았다. 팀별 프로젝트에서 가장 기발한 아이디어로 가장 좋은 점수를 받으면 교수님이 몸담은 기관과 연계하여 프로젝트를 실제 현장에서 진행하기도 했다. 살아있는 공부는 바로 이런 것이라고 느끼는 공부였다.

아직도 글쓰기가 쉽지는 않지만 2년간의 훈련을 통해 글쓰기가 친숙해졌다는 걸 느낀다. 게다가 모국어로 쓰는 거라면 조금 더 잘 할 수 있지 않을까. 그렇게 나는 용기를 내기 시작했다. 사실 우리 인생에서 '작가'라는 타이틀이 없을 뿐이지 글을 쓰는 창조자로 살아간다. 직장에서 메일을 쓰고, 각자만의 일기를 쓰며, 가끔 편지를 보내는 일을 한다. 물론 책을 쓰는 건 '일상의 글'과는 조금 다르다. 하지만 크게 다른 것도 없다.

책을 쓴다는 것은 평범한 일에도 세심한 관심을 두는 것이다. 바쁜 일상에서도 삶을 들여다보는 여유를 갖는 것이다. 누군가에게는 사사롭게 흘러가는 일이지만 그 현상을 각색하고 의미를 붙여주는 일이 '작가의 일'이다. 생각은 수명이 짧다. 흘러가는 멋진 생각이 공중분해 된 적을 겪어본 사람은 알 것이다. 그래서 글 쓰는 일은 멋진 생각을 붙잡아두는 일이기도 하다. 그런 후 가공되지 않은 글을 다듬고 다듬어야 한다. 내 생각을 독자 앞에 펼쳐 놓았을 때 쉽게 읽히고 이해할 만큼 명확하게 표현해야 한다. 삶을 사랑하고 깊이 침전할 때 글이 비로소 완성된다.

글을 쓰다 보니 자연스럽게 한국과 프랑스 문화를 비교하게 된다. 내가 프랑스로 떠나오는 시점에 나는 지극히 한국이 싫어서 떠난다고 생각했다. 싫어서 떠난 것이라면 한국사회 문제점에 대해서 눈감으면 그만일 일이다. 그런데 자꾸 마음이 쓰였다. 세월

호 문제를 보면서, 박근혜 전 대통령의 탄핵 사건을 보면서, 한국의 부조리함을 보면서 자꾸만 목소리를 내고 싶었다. 내가 사랑하는 가족과 친구들의 삶이 조금 더 행복하길 바랐다. 그 해답을 프랑스 문화에서 찾을 수 있다면 열심히 그 방법을 열심히 전파하고 싶었다. 뒤돌아보니 나는 지극히 한국을 사랑하고 있었다.

무엇보다 글을 쓰는 순간이 행복했다. 이대로 책을 읽고 매일 글을 쓰는 일을 업으로 삼아도 괜찮다고 생각할 만큼 글 쓰는 게 좋았다. 가끔은 영감이 떠오르지 않아 괴로운 날도 있었다. 그럴 때면 글쓰기에 대한 부담감은 다 내려놓고 동네 공원으로 나가 책을 읽고 산책을 했다. 한 사람의 독자라도 내 책을 읽고 용기와 희망을 품을 수 있다면 그것으로 충분했다. 그러면서 용기를 얻고 다시 책을 쓰기 시작했다. 다른 책을 통해서 내 삶이 상상할 수 없을 정도로 변화한 것처럼, 그런 영향력을 줄 수 있는 책이 되기 위해 나의 우주를 담았다.

007

# 프랑스 사람들의 행복 수업

몇 년 전 프랑스 중산층의 기준이 한국사회를 뜨겁게 달군 적이 있다. 한국은 다른 사람들에게 과시할 수 있는 대상으로 중산층의 척도를 매긴다. 아파트의 크기, 급여 수준, 차량 보유수준, 통장 잔고 수준, 여행횟수가 중산층의 기준을 판가름한단다. 반면에 프랑스는 삶의 질로 중산층을 정의했다. 과연 이 정의는 누가 한 걸까. 자료를 찾다 보니 1969년부터 1974년까지 임기를 지낸 조지 퐁피두Georges Pompidou 대통령이 정의한 '프랑스 중산층 기준'이었다.

조지 퐁피두 대통령에 따르면 '외국어를 하나 정도는 할 수 있어야 할 것, 직접 즐기는 스포츠가 있어야 할 것, 다룰 줄 아는 악기가 있어야 할 것, 근사하게 대접할 수 있는 요리 실력, '공분'에

의연히 참여할 것, 약자를 도우며 봉사 활동을 꾸준히 할 것'으로 중산층이 정의된다. 프랑스의 국민은 은연중에 지성, 예술, 문화, 인류애를 '부'라는 수단을 통해 실현하는 사람들의 부류를 중산층으로 정의했다.

두 나라의 중산층의 기준은 정확히 부의 기준이 타인에게 있는지 아니며 자신에게 있는지 보여준다. 바로 여기서 삶의 질이 극명하게 차이 난다. 나의 삶의 주도권을 타인에게 주는지 아니면 자신에게로 돌리는지에 따라 행복감이 달라진다. 프랑스 사람들은 내면에서 우러나오는 행복을 찾아 안으로 더 안으로 깊이 들어간다. 보이는 물건을 소유하기 위해 안달 내지 않는다. 오히려 보이지 않는 지극히 개인적인 취향에 제일 공을 들인다.

프랑스에서는 속옷과 잠옷이 기성복만큼 비싸다. 자신을 위해 가장 촉감이 좋은 속옷과 잠옷을 고르는 데 주저하지 않는다. 가장 은밀한 침실, 집 공간을 자신만의 세계로 만든다. 은은한 향기, 좋은 음향 시스템, 아늑한 분위기를 연출하는 데 아낌없이 투자한다. 맛있는 요리를 사랑하는 프랑스인들은 남녀 가리지 않고 요리도구 선택에도 정성을 쏟는다. 프랑스 남자들이 종종 크리스마스 선물로 최고급 요리도구나 커피기계를 요구한다면, 집에서 보내는 시간 중 요리와 커피에 정성을 들인다는 것을 알 수 있다.

나는 지극히 이방인의 눈으로 프랑스 사람들의 행복을 세 가지로 재정의 해보았다. 책을 통해 사유하고 생각을 나눌 수 있는 교육환경, 일과 삶을 분리하는 능력, 예술과 삶의 경계를 넘나드는 현실 그리고 행복을 타인에게서 찾지 않는 마음이라고 정의했다.

첫째, 책을 통해 사유하고 생각을 나눌 수 있는 교육환경이다. 사고의 확장은 대체로 본인과 다른 사고를 하는 타인과 대화함으로써 이뤄진다. 대화를 활성화하려면 주변에 관계를 맺는 사람들이 또한 대화의 수준을 갖추어야 한다. 여행을 통해, 책을 통해, 심도 있는 다큐멘터리를 통해 사고의 확장을 멈추지 않는 사람들과 끊임없는 생각의 교환이 필요하다. 주변에 생각을 나눌 기회가 많다는 것은 그만큼 사고가 풍부해질 수 있다는 것을 말한다.

아이들은 부모와의 대화를 통해 1차 사고를 정립하고 학교에서의 학습을 통해 2차 사고를 확장한다. 프랑스 아이들은 가족들과 함께 식사하는 자리에서 가장 많은 대화가 오고 간다. 어른의 언어와 아이의 언어가 같다. 아직 어리니까 이해하지 못할 거라고 다그치지 않는다. 어린아이들에게도 어른의 용어를 쓰면서 사회적인 문제나 개념들을 설명해 준다. 아이들은 식탁에서 자연스럽게 정치, 사회, 문화, 예술 용어들을 받아들인다.

다음은 학교에서 2차 사고를 확장하는 과정을 거친다. 2014년 프랑스의 대학교 입학시험 중 철학시험에 '우리는 행복하기 위해 사는가?'라는 질문이 시험 문제로 나왔다. 학생들은 4시간 동안 적어도 백지 여덟 페이지를 채워야 한다. 평소에 철학 수업을 통해 사고하는 능력을 기르지 않았다면 4시간에 써 내려가기 어려운 주제이다. 학교와 가정에서 탄탄하게 본인만의 철학적 논리를 기를 수 있도록 교육을 제공하는 환경이 이뤄지는 것이다.

둘째, 일과 삶을 분리하는 능력이다. 프랑스인들은 연초면 여름 바캉스 계획 세우기에 들어간다. 연초부터 올해 여름엔 어떤 곳에 가서 새로운 경험을 할지 들떠 있다. 물건을 소유하는 것보다 경험을 사는 것에 엄청난 행복감을 느낀다.

어렸을 때 프랑스에 이민을 온 한국 친구는, 프랑스인들의 바캉스가 제일 부러웠다고 말한다. 친구들이 여름마다 바닷가나 산으로 3주 이상씩 바캉스를 떠났다가 돌아오면 방학 동안에 경험한 이야기를 쉴 새 없이 늘어놓았다고 했다. 아이들과 부모들은 새까맣게 타서 돌아온 것이 각자 학교에서 직장에서 가장 자랑스러운 일인 것이다.

프랑스에서 일하다 보면 신기한 광경을 목격한다. 바캉스를 제일 많이 떠나는 7월과 8월 사이에는 어딜 전화해도 항상 담당자가 부재중이다. 급한 일이니 다른 사람이라도 연결해 달라고 하면 담당자 외에는 아는 사람이 없다는 말뿐이다. 3주 뒤에 휴가에서 돌아오면 그때 다시 한 번 연락해달라고 한다. 휴가를 간 사람에게는 정말 긴급한 일이 아니면 전화를 하지 않는다. 그렇게 그 사람의 꿀맛 같은 휴식을 방해하지 않는 것이다. 일과 삶의 철저한 분리를 통해 진정한 휴식을 맛보며, 재충전할 기회를 얻는다.

셋째, 예술과 삶의 경계를 넘나드는 현실이다. 파리 시내를 걷다 보면 현대 건축물이 많이 없다. 그나마 건축 규제가 풀린 몇몇 구역을 제외하고는 19세기를 거니는 것 같은 느낌이든다. 따로 예술의 발자취를 찾아가지 않으려 해도 이곳저곳 동상과 건축물에서 이미 예술을 경험한다. 매일 일상적으로 마주하는 예술을 마음에 여유를 준다.

빼곡히 들어찬 건물 틈 사이로 '오스만Haussmann' 건축물과 양식에 곳곳에 새겨진 조각을 보면 경이로움까지도 든다. 그러면 길을 가다 멈춰 서서 사진을 찍는다. 파리에서 벌써 6년 가까이 살았지만, 그 순간만큼은 여행하는 사람처럼 설렘을 느낀다. 삶이 예술이고 곧 예술이 삶인 지점에 서 있다.

괜히 마음이 울적해지면 아무도 없는 시간대를 골라 박물관에 간다. 5유로 정도를 추가하면 오디오 가이드를 들을 수 있으니 설명 덕분에 더 깊이 예술 세계로 빠져든다. 오디오에서 작품에 대한 해석이 흘러나오면 잠시 현실의 힘든 점을 잊고 예술 작품을 이해해 보려고 한다. 책을 읽은 것처럼 작가의 삶이 나를 관통하는 것 같은 작품을 찾으면 그때부터 그 예술이 나에게서 시작된다. 그 사람이 작품을 창작한 계기를 찾아보게 되고, 작품을 만드는 당시의 고통이나 슬픔을 느껴보기도 하고, 그때 즐겨 들었던 음악을 찾아보기도 한다. 삶이 예술에 맞닿아 있다는 것을 온몸으로 느끼는 것이다.

넷째, 행복의 기준이 오롯이 나에게 있다. 타인에게 과시하는 행복은 오랜 시간 행복을 유지할 수 없다는 것을 안다. 그래서 스스로를 행복하게 하는 것이 무엇인지를 개인마다 깊게 탐구한다. 프랑스인들을 보며 내면의 행복은 멀리 있지 않음을 깨닫는다.

같은 하루를 사는데 훨씬 더 여유로는 사람들의 모습에 감탄한다. 정신없이 출근하는 길에 야외 테라스에서 여유롭게 아침을 먹는 직장인들을 보면 그저 놀랍다. 매일 출근하는 샹젤리제 근처를 거닐 때마다 마주치는 장면이기도 하다. 정장 차림으로 선글라스를 끼고 테라스에 앉아서 신문을 읽는 사람들이 종종 눈에 띈다.

날이 좋을 때면 점심시간을 이용해 주변 직장인들이 공원으로 삼삼오오 몰려든다. 양복 윗도리를 잔디밭 위에 깔고 털썩 주저앉는다. 동료들과 한참 이야기를 나누면서 점심을 다 먹고는 공원에 누워 하늘을 바라보는 여유를 즐긴다. 행복하다고 말하지 않아도 그 사람만의 행복한 시간을 보내고 있다는 걸 온전히 느낄 수 있다. 온전히 나에게 초점이 맞춰진다. 24시간 중 나를 위해 잠시만의 시간이라도 할애하는 것, 그것이 바로 프랑스인들이 행복해지는 방법이다.

008

# 서른,<br>나를 위한 잔치가<br>시작됐다

고등학교 때 친구 따라 즐겨 듣던 김광석의 〈서른즈음에〉 가사가 이제는 나의 이야기가 되었다. 나에게는 영영 올 것 같지 않던 삼십 대가 그렇게 불쑥 찾아왔다. 전 세계적으로 유일하게 엄마의 뱃속에서 생명체를 뿌리내린 시점부터 나이를 세는 한국. 프랑스에 있으면 태어난 기점으로 나이를 세니 아직 이십 대라고 우기지만 한국에 들어가면 어김없이 꺾인 삼십 대라는 말을 듣는다. 이상하게 남자들한테는 쓰지 않는 말인데 꼭 여자들은 스물다섯을 넘어가거나 서른만 넘기면 허락도 없이 꺾였다는 말을 한다.

'내 나이가 어때서?'

곰곰이 생각해보니 한국 사람들은 대뜸 만나자마자 신원조사에 들어간다. 나이며, 직업이며, 결혼 상태 심지어 재정상태까지 5분 안에 속사포로 물어본다. 나이를 알 수 없다면 유도신문을 하여 어떻게든 나이를 추산해 본다. 예를 들어, 대학입학 연도나 졸업 연도등을 통해서 역추산하는 것이다. 나이가 어리면 자연스럽게 반말을 한다. 그러고는 바로 대화에서 상하관계가 결정된다.

반면에 외국에서는 나이를 우선으로 물어보지 않는다. 물어보는 경우가 있더라도 '실례지만'이라는 표현을 사용하여 정중히 물어본다. 프랑스어에도 존댓말vouvoiement과 반말tutoiement이 존재한다. 그렇다고 한국처럼 나이로 상하관계가 형성되지 않는다. 상대방이 뜌또아에tu toyer를 제안한다면 자연스럽게 둘은 반말을 하게 된다. 나이가 30살이나 많은 상사와 대화 할 때도 뜌또아에를 제안했는데 한동안 익숙하지 않아 존댓말을 하니 거리를 두는 것 같다며 말을 편하게 하라고 한다. 나이가 계급이 아닌 곳이다. 사람 대 사람으로 대화하는 곳이다.

나이에 걸맞은 요구도 크게 없다. 이십 대 후반 서른에 들어서면 가장 흔하게 듣는 결혼에 대해서도 관여하지 않는다. 동거문화가 발달한 프랑스에서는 젊은 시절부터 30년 내내 같이 살다가 60대에 결혼식을 올려도 크게 이상할 게 없다. 부모님 세대가 이미 그런 사고방식으로 살다 보니 젊은 사람들에게도 결혼이나 출산을 강요하지 않는다. 당신이 원하는 방식대로 살라고 한다.

어떻게 보면 방관이기도 하지만 나는 이런 삶의 형태가 더 잘 맞는다.

사실 나는 나이 먹는 것에 대한 거부감이 전혀 없다. 프랑스에 살면서 나이에 맞는 경험과 성숙함을 경험하게 되기 때문이다. 그리고 어렸을 때는 누리지 못한 자유가 커진다는 사실이 좋다. 물론 자유가 커지는 만큼 책임도 커지지만, 어차피 겪어야 할 거라면 더 아름답게 향기 나게 살고 싶다.

대학원을 졸업하자마자 아빠의 경제적 지원도 단번에 끊겼다. 육체적으로 독립한 이후 경제적으로 독립하는 데는 조금 더 오랜 시간이 걸렸다. 이미 오랜 시간 동안 공부욕심이 많은 딸을 위해 경제적 뒷받침을 해주셨다. 집안 기둥을 뿌리째 뽑고 난 이후에 부모님에게 더는 손 벌릴 면목도 없는 참이었다. 취직하기 전까지 생활비를 혼자 감당해야 했다. 경제적인 지원이 끊기니 막막하기만 했다.

매일 바게트만 먹으면서 살 수 없으니 경제적인 자원을 스스로 마련해야 했다. 별로 손재주도 없었던 지라 가장 하기 쉬웠던 통역 일을 하기 시작했다. 파리에는 정말 온 갖가지의 박람회와 문화의 교류기회가 있다. 패션과 문화 및 예술의 본고장인지라 프랑스의 배울 점을 탐구하기 위해 한국 사람들의 발걸음이 끊이지 않았다.

내가 알지 못하는 분야여도 도전했다. 미리 자료를 받아 공부해서 통역해야 하는 어려운 일도 있었다. 오히려 도전 정신이 생기면서 전날 밤 설레기도 했다. 루이비통 하드케이스 가방을 만들고 수선하는 아뜰리에로 통역하러 간 적이 있다. 전 세계의 루이비통 수선하는 사람들이 파리로 와서 교육을 받고 간다고 했다. 내가 통역할 대상은 싱가폴과 한국에서 각각 한 분. 10년 정도 수선 분야의 대가인 분들도 파리 수선 공장은 처음으로 방문하는 거였다. 제각기 다른 루이비통 로고가 박힌 천을 고르는 방법부터, 하드케이스에 천을 붙이는 순서, 다음 단계로 넘어가기 전에 건조하는 시간 등 세세한 점을 한 번은 한국어로 또 한번은 영어로 통역을 하였다.

생소한 분야라 오히려 통역하면서 내가 더 많이 배우는 느낌이었다. 그리고 통역을 하면서 새로 만나는 사람들과의 대화를 통해서 나의 사고의 지평이 넓어지고 있었다. 그래서 모르는 분야이더라도 주저하지 않고 통역을 했다. 물론 처음에는 돈을 벌려고 한 일이었는데 동시에 가슴 뛰는 일을 찾아서 하게 되었다. 패션쇼 통역을 가거나 패션 박람회에 참가한 예술가들의 제품들을 통역하면서 미리 유행을 읽어냈다. 특히, 의류 분야는 시즌을 앞당겨서 제품을 공개하기 때문에 앞서 유행을 볼 수 있었다. 게다가 패션의 중심인 파리에서 만나는 예술가들은 더욱이 매혹적이었다.

창조자의 세계는 넓고도 넓었다. 하루는 음악 저작권에 관련한 통역을 진행했다. 저작권이 생겨난 배경부터 저작권에 관련한 법률조항까지 거침없이 대화가 이어졌다. 사실 전문 분야에 종사하지 않으면 잘 모를 수 있을 법한 단어가 난무하느라 애를 먹었던 기억이 난다. 그런데도 끝까지 애써서 통역해준 나에게 진심 어리게 고맙다며 따로 이메일로 써주실 때면 그렇게 뿌듯할 수 없었다.

이십 대는 경험의 점들을 찍어가는 때이다. 의미 없어 보이는 경험들을 차곡차곡 쌓는 기간이다. 아직 우리의 최고 능력치가 어디서 발현될지 모르는 시기이기도 하다. 그래서 할 수 있는 만큼 경험을 쌓아도 된다. 여행을 떠나도 되고, 책을 읽어도 좋고, 사람들을 많이 만나러 다녀라. 하나의 경험이 평생을 좌우할지도 모르기 때문이다. 평생 문과생으로 살아온 내가 예술과 창작이라는 것에 눈을 뜨게 된 계기도 짧은 며칠의 통역 경험을 통해서였다. 사실 통역을 하는 동안 통역에만 집중하지 못했다. 동시에 간접적으로 예술가들의 삶을 관찰하려고 애썼다. 내가 입고 있는 옷도, 쓰고 있는 핸드폰도, 얼굴에 바르는 화장품도 누군가의 생각이 발전하여 나에게로 전달된 것처럼 조금만 눈을 크게 뜨고 둘러보니 세상에는 무에서 유를 창조해내는 사람들 천지였다.

삼십 대는 경험의 점들을 이어가는 시기이다. 이십 대의 의미 없던 점들에 갑자기 의미가 부여되기 시작했다. 창작이라는 건 언제나 거리가 멀어 보였다. 그러다 문득 '서른이 될 때까지 소비자로만 살아왔는데, 나도 이제는 창조자가 되어보자.'라는 생각에 이르렀다. 일방적으로 가르침을 받던 모습에서 누군가에게 가르침을 주는 형태로, 소비자에서 생산자로 사고의 틀을 변화하기 시작했다.

부모님께 경제적으로 지원을 받지 않는 시기이니 모든 선택은 내게 달려 있었다. 나의 운명을 선택할 수 있는 자유가 생긴 것이다. 나의 서른의 축제는 그렇게 시작되었다. 하고 싶은 일, 창조해내고 싶은 모든 것은 결국 나의 의지에 달렸다는 걸 서른 즈음에 깨달았다. 지금 글을 쓰게 된 것도 이십 대의 경험들이 축적되지 않았더라면 불가능했을 것이다. 어디까지나 배우는 것에 만족했다면 나는 창조자가 될 수 없었을 것이다. 하지만 내가 경험하고 배워왔던 메시지를 전달하는 사람이 되고 싶었다. 그렇게 나는 창조자의 길로 한걸음 발을 내디뎠다.

# 3

# **미래는**
# 내가 **생각하는**
# 대로 된다

METRO
Enjoy a Sightseeing Tour of

001

# Cassis에서 **발견한** 진정한 자유

내가 쓴 글에는 '자유'라는 단어가 자주 등장한다. 한국에서 누리던 자유 이상으로 프랑스에서 자유를 누리기도 하지만 동시에 더 큰 범위의 자유를 갈망하기도 하기 때문이다.

팀 페리스 책《나는 4시간만 일한다》를 읽고 적잖은 충격을 받았다.

"바쁘다는 것과 생산성이 높다는 것은 동의어가 아니다. 영광의 배지처럼 여기는 스타트업의 밤샘 직업윤리 같은 것은 잊어라. 분석적으로 일해라. 일주일에 한 번, 전투를 멈추고 생산성이 높은 부분에 노력을 집중하고 있는지 숫자를 돌려서 확인하라."

바쁠수록 잘살고 있다고 생각했기에 바쁘다는 사실이 자랑스럽기도 했다. 하지만 나는 이 책을 읽고 나서 바쁘다는 말을 의식적으로 하지 않기로 했다. 일이 많고 바쁘다는 것 이면에는 자유가 알게 모르게 침해되고 있었기 때문이다. 프랑스와 한국의 시차는 8시간 정도 된다. 서머타임이 시작되면 7시간 정도 차이가 난다. 나는 부모님과 친구들과 통화하기 위해서 제한된 시간만 사용할 수 있었다. 주말이 올 때까지 기다리거나, 아니면 출근하기 전 아침 이른 시간이었다. 긴급하게 한국에 전화할 일이 있다면 회사 밖으로 몰래 나와 통화해야 했다.

어디 그뿐 만일까. 당장 내일 여행을 떠나고 싶어도 휴가를 낼 수 없으며, 휴가를 낼 수 있어도 경제적으로 부족할 때가 허다했다. 비슷한 환경에 처한 직장인 주변에 둘러싸여 있으니 딱히 이상할 것도 없었다. 다들 그렇게 사니까 병원을 가기 위해 휴가를 내거나, 몇 주를 쉬기 위해 휴가까지 하염없이 기다려야 한다는 게 어찌 보면 당연한 거였다. 그러다 팀 페리스의 책을 읽고 머리를 한 대 얻어맞은 느낌이 들었다. 우리가 당연하다고 느끼는 것들이 어쩌면 당연하지 않을 수 있겠구나.

앞서 프랑스의 법정 노동 휴가가 5주이며, 추가 근무시간 대체 휴가까지 따지면 거의 1년에 두 달을 쉰다고 자랑스럽게 떠들었는데 완전한 자유를 원한다니. 나를 보고 인간의 욕심이 끝이 없다는 걸 이야기 하나 싶다. 과연 욕심에만 머무를 것인가 아니면 진짜 내 삶으로 만들 것인가. 그때부터 열심히 또 책을 찾았다. 이미 경제적으로 시간적으로 자유를 찾은 사람들의 사례는 생각보다 더 쉽게 찾을 수 있었다. 하고 싶은 일을 하며 백만 뷰어를 만들어 내는 유투버에서부터 무료로 숙박을 하며 전 세계로 여행을 다니는 인스타그래머까지 사례가 쏟아졌다.

작년 여름경이었다. 가족처럼 지내는 동생이 미국에서부터 나를 보겠다고 파리로 놀러 왔다. 오기 전부터 작정하고 온 휴가라 몇 달 전부터 프랑스 남부 여행계획을 세웠다. 여러 번 가도 좋은 니스Nice 해변 도시와 한 번도 가보지 못한 까시스Cassis 를 계획안에 넣었다. 이미 여러 번 방문한 도시였기에 까시스 여행을 내심 더 기대하고 있었다.

니스에서 까시스 까지 기차를 탔다. 해변으로 이어지는 기찻길은 환상적인 전망을 선사했다. 끝도 없이 펼쳐지는 해안선과 하늘이 맞닿은 그 장면은 너무 아름다웠다. 사실 아름다움 이상인데 존재하는 단어로는 그 아름다움을 형언하기가 어렵다. 창문 너머 바닷가를 보고 있으니 어제까지만 해도 해결되지 않는다고 머리 쥐여 싸고 고민하던 문제들이 아무것도 아닌 것처럼 보였다. 사무실에서 종일 컴퓨터를 들여다보고, 문제 해결을 위해 백방으로 뛰는 것에 비교하면 정말 평온한 일상이었다. 밖에 나오니 전쟁 같은 삶은 전쟁이 아니었다. 우리만의 전쟁에서 그렇게 지쳐있었던 것뿐이라는 걸 알았다.

꺄시스를 가는 길은 그렇게 먼 거리가 아니었기에 몇 정거장을 지나지 않아 바로 내렸다. 내리자마자 사람들로 바글바글했다. 이 도시만의 매력은 무엇인가. 무엇이 이렇게 사람들을 매혹하였는가. 궁금해지기 시작했다. 익히 인터넷을 통해 미리 도시를 경험했을 때, 절벽이 장관을 이루는 곳이었다. 절벽을 구경할 수 있게끔 보트도 마련이 되어있었다. 바다 위에서 절벽 하나하나씩 둘러보았다. 바닷바람과 파도들이 적절히 물결을 일으켰다. 절벽 자체와 자연경관이 감탄을 연발하게 했다.

절벽 사이에는 바위로 둘러싸인 작은 만이 곳곳에 형성되어 있었다. 자그마한 해안가에는 몇몇 가족들만 바닷가를 사용하고 있었다. 마치 사유지처럼 점령하고 있었다고 표현해야 맞을지도 모르겠다. 한 가족이 눈에 띄었다. 바다 위에 보트를 띄어놓고 유유자적 시간을 보내는 사람들이 보였다. 할아버지 할머니가 있는 걸 보아서 대가족이 휴가를 온 것 같았다. 아이들은 배가 고팠는지 허겁지겁 먹을 것을 입에 넣었다. 아직 기운이 넘쳐나는 아이는 먹을 생각은 안중에도 없고 보트 위에서 다이빙을 했다. 그리고 다시 배 위로 올라와서는 다시 바다 위로 몸을 던졌다. 어른들은 각자 마실 음료를 하나씩 들고 책을 읽거나 일광욕을 하거나 음악을 듣고 있었다. 그 순간 가장 편안한 자세로, 각자만의 방식으로 행복을 느끼고 있었다.

내가 꿈꾸는 완벽한 자유였다. 자연에 가장 가까이 닿아있으면서 사랑하는 사람과 함께 시간을 보내는 것. 각자 자신의 리듬에 맞춰서 공간을 공유하지만, 그 안에서 각자 시간을 즐기는 것. 내가 바라던 이상향이라고나 할까. 속세의 아등바등함이 있기에 휴가라는 시간이 소중하게 느껴지는지는 몰라도 할 수만 있다면 매일 이상향에서 살고 싶었다.

어느 누군가에게는 이상향이 아닌 현실이기도 했다. 그래서 앞으로는 욕심내보기로 했다. 내가 원하는 진정한 자유로운 삶을 위해. 하지만 한 가지는 나와 다짐하기로 했다. 진정으로 원하는 삶을 만들어 가는 여정에 있는 현재를 사랑하겠노라고. 오지 않은 미래를 마냥 기다리는 삶이 아니라 충실한 현재의 삶이 모인 미래를 만들겠노라고 말이다. 지금껏 그래왔듯이 과의 내가 모여 현재의 내가 있다는 걸 경험을 통해 충분히 깨달았기 때문이다.

002

# 내 인생을 **바꾼** 책 읽기

어렸을 때부터 나는 엄마가 책 읽는 동안 자연스럽게 옆에서 책을 같이 읽었다. 한 번 책에 빠지면 온종일 손에서 놓지 않을 정도였다. 추리소설을 좋아했던 나는 해리포터 새로운 시리즈가 나오면 일어나서부터 잠들 때까지 책을 읽었다. 소설 속에 한 번 빠지면 머릿속에서 등장인물을 그려보고 상황을 상상하느라 현실인지 상상인지 구분을 못 할 정도로 깊이 빠졌다. 상상의 흐름이 끊기는 것조차 싫어서 화장실에 책을 들고 가는 것도 다반사였다.

중, 고등학생 때는 학업에 치우쳐 독서를 소홀히 할 수밖에 없었다. 그러다 다시 책에 빠져든 건 오랜 시간이 지나 대학생 4학년이 다되어서였다. 사회에 나가기 전에 필요한 지식과 스펙은 채웠을지라도 분명 무언가 부족한 느낌이 들었다. 사회의 현상을 이해하는 안목 없이 대학교를 졸업하기 싫었다. 게다가 졸업장만으로 고등교육에서 필요한 모든 지식을 다 얻었다고 말할 수 없었다. 그렇게 나는 진짜 학문의 즐거움 찾아 매일 도서관으로 향했다.

오랫동안 책을 손에서 놓았기 때문에 어떤 책을 읽어야 할지 처음엔 한참을 망설였다. 당시에는 책 읽고 나서 다른 사람과 나눌 수 있는 건 독서 토론 모임이거나 학교 수업밖에 없었다. 지금처럼 SNS에 올려서 모른 사람과 소통의 장을 만들 환경이 아니었다. 생각을 나눌 수 있는 불특정 다수가 있었다면 더 열심히 읽었을지도 모르겠다. 하지만 누구에게 보여주기 위한 독서가 아니었다. 오로지 나 자신을 위해서 하는 독서였다. 그냥 의식의 흐름대로, 원하는 대로 읽어나가자. 그렇게 정말 얻고 싶은 지식과 지혜를 찾아 장르의 구분 없이 읽고 또 읽어댔다.

처음 시작은 대부분 자기계발서였다. 항상 다 아는 이야기만 하는 자기계발서를 왜 읽느냐고 반문하는 사람들이 많았다. 하지만 나는 한 가지 확신할 수 있었다. 남들도 다 아는 좋은 습관을 읽는 것에 그치는 것이 아니라 행동에 옮기는 것이야말로 진정한 자기계발서의 묘미라는 것을. 책에서 알려주는 좋은 습관과 행동은 모두 나의 것으로 만들 작정으로 자기계발서를 닥치는 대로 읽었다. 그리고 책을 쓰고 있는 지금 작가의 마음을 더 헤아릴 수 있게 되었다. 100 페이지가 넘는 책을 쓰려면, 본인의 사소한 습관이나 행동을 주변 사람뿐만 아니라 더 많은 사람에게 전달하고자 하는 마음이 간절해야만 한다.

책을 많이 읽으면서도 효율적으로 읽는 방법을 연구하면서 원하는 분야의 책들을 섭렵해나가기 시작했다. 다 읽지 못해도 빌릴 수 있는 최대한으로 책을 빌려 왔다. 한 권이라도 더 읽기 위해 하루 한 권씩 책을 독파했다. 한 권의 책을 읽지만, 그 안에는 항상 좋은 책 소개로 가득했다. 처음에는 자기계발서로 시작했던 책들이 점점 체계를 갖추면서 역사, 인문, 소설, 고전, 정치, 경제 분야로 관심 분야를 점차 확대해 나갔다.

나는 어렸을 때부터 불의를 못 참는 사람이었다. 사회의 불평과 빈부격차에 대해서도 항상 불만을 품고 있었다. 구두로 사회적인 구조를 비판하는 것은 아무런 소용이 없다. 비판을 넘어서는 변화를 만들어 내야지만 비판의 근거가 만들어진다. 사회의 부조리를 개선하고 좀 더 평등하게 사회를 변화시키려면 나 먼저 배워야 하고 변화해야 한다는 걸 알았다. 역사, 경제, 정치 모든 분야가 긴밀하게 연결되어 있어 유기체적으로 책을 읽어야 했다. 사회주의 몰락부터 자본주의의 출현과 자본주의의 대안점을 모색하기 위해 끊임없이 책을 찾아 읽었다.

당시 도서관을 항상 같이 다니던 선배가 있었다. 영어 스터디 회원이자 도서관 메이트였던 선배와 함께 열심히 사회문제에 관해서 이야기했다. 당시 정치외교학을 공부했던 선배는 나에게 꾸준히 사회적인 이슈에 대해 질문을 던졌고, 어떻게든 대답하기 위해 아는 지식을 쥐어짜곤 했다. 질문의 수준이 점점 올라갈 때마다 읽는 책도 점점 심오해졌다. 질문하고 답하는 과정에서 사고하는 근육을 키워나갔다.

마침 한국에 민주주의를 위협하는 사건들이 곳곳에서 터지고 있었다. 용산 참사, 광우병 파동, 쌍용 자동차 직원 해고 사건 등 연일 사회의 부조리를 목격할 수 있었다. 과연 민주주의의 사각지대에 있는 사람들의 인권을 위해 어떤 행동을 취할 수 있을까. 당장 촛불집회에 참여하고 시위현장에서 목소리를 내는 것이 적극적인 행동이었다면, 부조리에 맞설 수 있는 지식을 쌓는 소극적인 행동도 병행할 수밖에 없었다.

단연 이러한 부조리한 사회적인 현상은 과거에서도 똑같이 찾아볼 수 있었다. 사회적 약자에 대한 불평등은 역사를 통해 되풀이된다. 유시민의《청춘의 독서》를 읽으며 당시 불온서적이라 불렸던 책들을 그대로 도서관에서 빌려 왔다.《전태일 평전》을 읽으며 당시 노동자에게 가한 부당함에 분노를 느끼다가, 그 당시 노동자들의 슬픔을 달래고자 쓴 박노해 시인의 시를 읽으며 간접적으로 느낀 분노를 삭이기도 했다. 용감하게 사회적 약자를 보호하려다 억울한 감옥살이를 하게 된 전 김대중 대통령의《옥중서신》을 읽으며 나는 그 분 만큼의 용기를 낼 수 있는지 돌아보곤 했다.

연일 미디어에서 비치는 부당함 외에도 부당함은 생각보다 곳곳에 만연해있었다. 대학을 마치면 바로 사회생활로 뛰어들어야 하는 나와 같은 또래의 처지도 그렇게 안전하지만은 않았다. 경제학자 우석훈과 기자 박권일이 공동으로 집필한 《88만원 세대》를 읽으며 법 앞에서 모두 평등해야 하는 사람이 정규직, 비정규직이라는 타이틀로 차별받는 것에 화가 치밀어 올랐다.

돌이켜 보니 사회가 말하는 기준에 맞춰 살지 않으려고 참 많이 애를 썼던 것 같다. 다수가 행복할 수 있는 법안과 제도를 마련하는 것이 민주주의라 할지라도 나는 여전히 소수가 행복할 권리를 누렸으면 좋겠다. 서른이 넘은 나이에 보니 나는 여전히 사회의 기준에 맞춰 살고 있고, 완전히 자유로울 수 없다는 걸 알았다. 하지만 독서를 통해 불가능을 조금씩 가능으로 변화시키고 있다.

책을 읽지 않았다면 의식의 성장도 멈췄을 것이다. 책이 아니었다면 의식의 자유도 보장되지 않았을 것이다. 성장과 자유에 목말라 있던 나에게 책은 완벽한 안식처이자 오아시스 같은 존재였다. 아무도 질문에 대한 답을 알려주지 않을 때, 책은 언제나 두 팔 벌려 나를 환영해 주었다.

위에 언급한 분야뿐 아니라, 사랑도 건강도 책으로 배웠다. 한 인간으로서 완벽하지 못한 나를 따뜻하게 감싸주는 책이 있었기에 내가 성장할 수 있었다. 대한민국 성인 1년 평균 독서량은 8.3권이라고 한다. 아무래도 빠르게 정보를 얻을 수 있는 시대에 독서가 관심을 덜 받는 것은 당연할지도 모를 일이다. 나는 매일 옷을 골라 입고, 먹을 것을 고르는 것처럼 매일 아침 책을 고른다.

그날의 감정 상태, 고민거리, 관심 주제에 따라 책을 자유자재로 골라 읽는다. 책이 맘에 들지 않으면 다른 책으로 넘어가기도 한다. 어느 하루는 아침 출근길, 점심시간, 저녁 퇴근길에 읽은 책이 각기 다른 날도 있다.

내 가방에는 여자들의 필수품 거울이나 화장품 하나 없지만, 책과 전자책은 항상 들어있다. 과시적 독서든, 사진의 도구가 되는 책이든 좋으니 맘에 드는 한 챕터만이라도 골라 읽어봐라. 책에는 내가 찾고자 하는 대답이 담겨 있다. 책을 통해 사유하고 자유로워지는 그 쾌감을 많은 사람이 오랫동안 느꼈으면 좋겠다.

003

# 파리의 직장인으로 사는 법

외국에서 생활하다 보니 한국에서 당연하지 않은 걸 너무나 당연하게 여겼다는 생각이 든다. 한국의 직장인들은 실제 정해진 근무시간 외에도 '직장'이라는 곳에 시간을 많이 쓴다. 직장인들에게 요구되는 매일 같은 야근, 회식, 주말 근무, 24시간 끊기지 않는 업무 지시가 빈번하다. 그런데 주변 사람들도 똑같은 삶의 방식으로 살다 보니 원래 사회생활은 이렇게 힘든 건가 보다 하고 합리화한다. 그렇지만 시간이 지날수록 활력도 떨어지고 일에 대한 의욕도 크게 없다. 사표를 가슴속에 묻어두다가도 당장 그럴 형편이 안 되니 지금 상황이 극적으로 바뀌었으면 좋겠다고 생각한다.

몇 년 전 카카오톡의 도래는 획기적이었다. 하지만 일과 삶을 분리하지 못하는 부작용을 낳았다. 업무 지시가 한결 더 편해진 것이다. 24시간 일과 연결된 삶이다. 그러니 오후 5시에 회사건물 전등을 강제로 끄는 게 무슨 소용이람. 퇴근 후 이어지는 업무도 만만치 않은 스트레스를 불러온다. 다행히도 한국에서도 몇 년 전부터 '워라밸'이 거론되고 있다. 일과 개인의 삶의 균형을 추구하자는 목소리가 조금씩 사회적으로 중요해지고 있다는 뜻이다.

프랑스의 퇴근 이후에 저녁 시간은 원래 나로 돌아가는 시간이다. 직장에서의 나의 모습을 벗고 가족과 친구와 나 자신에게 집중하는 시간을 갖는다. 별것 아닌 것처럼 보이지만 개인 삶의 질을 크게 바꾸는 프랑스의 두 가지 제도들이 있다.

첫째, 업무용 연락처와 개인 연락처를 분리한다. 업무가 끝나면 업무용 핸드폰도 영업종료이다. 핸드폰으로 메일에 접속하지 않고 전화도 받지 않는다. 실제로 고객들도 퇴근 시간 후에, 출근 시간 전에 연락을 잘 하지 않는다. 회사 내부에서 상사와 부하직원뿐 아니라 고객 사이에서도 서로 업무 리듬을 이해해준다. 상사가 메일을 일정 업무시간 이외에 지속해서 보내는 것도 나중엔 권리침해의 증거로 작용할 수도 있다. 그래서 긴급한 업무가 아니면 다음 날 근무시간에 일을 처리한다.

둘째, 저녁 회식이 손에 꼽는다. 정말 친한 동료와 목요일 저녁 가볍게 맥주 한 잔 하는 '에프터워크' 정도. 혹은 연말 파티에 전 직원을 초대하는 행사가 전부다. 회사에 대한 애사심 높인다는 핑계로 술을 권하지도 않는다. 그러니 저녁 시간은 본인이 정말 하고 싶은 걸 한다. 그래서 제2의 인생이 시작되는 시간이기도 하다. 취미를 일하는 시간만큼 즐기다 보니 준전문가가 되는 것이다.

프랑스에도 야근이 없다고 할 순 없다. 전문직종일수록 저녁 늦게까지 일하는 건 한국처럼 쉽게 찾아볼 수 있는 현상이다. 그런데 대부분 프랑스의 근무자들에겐 1주일에 정해진 합법적인 근무시간과 그에 합당한 휴가가 정해져 있다. 프랑스의 법정노동시간은 1주일 35시간 그에 대가로 1년에 5주의 휴가를 받을 수 있다. 대부분 휴가를 떠나는 7~8월에 3주 이상 여름휴가를 떠나는 건 권장 사항이기도 하다. 쉴 때 제대로 충전하고, 일할 때 제대로 일하자고 국가와 회사가 합심해서 도와준다.

1주일에 35시간이면 점심시간을 빼고 고작 하루에 7시간을 일한다. 매니저위치에 있으면 일주일에 35시간을 일하는 건 거의 기적에 가깝다. 책임이 많은 자리인 만큼 초과 근무시간이 존재할 수밖에 없다. 대체로 추가 근무수당을 지급하기도 하지만, 대부분은 초과 시간에 대해 대가로 대체 휴가를 보장한다. 즉, 35시간을 일하는 계약서가 아니라 주당 39시간 정도 일하는 계약서에 합의하고 1년에 10일에서 12일 정도 휴가를 더 받는다.

그렇다면 1년에 보장엔 5주의 법정휴가와 12일 정도의 추가 휴가에 공휴일까지 쉬다 보면 꼬박 8주 정도가 된다. 사업군에 따라서 10주에서 12주를 쉬는 곳도 있다. 그래서 프랑스의 행정 처리나 업무 처리 속도가 느리다고 느껴지는 것이다. 하지만 그런 혜택을 나 같은 외국인도 받을 수 있다. 노동자의 천국이나 다름없다.

우연히 한국과 일본의 업무 방식을 비교한 칼럼을 읽게 되었다. 일본인에 비쳐 친 한국인의 일하는 방식이 매우 비효율적이라고 설명하는 글이었다. 충고도 덧붙였다. 야근하는 대신, 낮에는 최대한 잡담을 금지하고 커피, 담배 휴식 타임을 줄이란다. 온종일 일만 하라는 뜻이다. 불평하기 좋아하는 프랑스인이 보면 대규모 파업할 수준의 이야기다. 프랑스에서는 일하는 동안의 균형도 중요하다. 온종일 앉아서 일만 하면 능률이 떨어진다고 이야기한다. 한 시간을 일하면 10분 정도 새로운 공기를 마시며 휴식 타임을 갖는 게 건강하다고 잠시 바람 좀 쐬러 가자고 한다.

한창 프랑스의 업무 방식을 이야기하니 마치 프랑스인들이 일을 안 하는 것처럼 보일까 봐 걱정이 든다. 사실 가장 많은 편견을 가지고 있는 부분이기도 하다. 개인적으로 봤을 땐 주어진 일을 각자의 리듬으로 해내면서 훨씬 정신적으로 육체적으로 건강한 삶을 살고 있다고 이야기할 수 있을 것 같다. 그리고 나는 직장인으로서 이 삶이 좋다.

업무시간 동안 삶의 질을 가장 많이 좌우하는 인간관계도 흥미롭다. 외부적으로 그리고 내부적으로 수평 문화가 제대로 뿌리내렸다. 한국에서 말하는 '갑질'이라는 단어가 사실 생소하다. 한번은 납기가 늦어진 사건으로 부랴부랴 고객 미팅을 주선했다. 한껏 긴장해서 미팅에 참여했고 평소 긴장을 잘 하지 않는 나도 몸에 한껏 힘이 들어갔다. '혹여나 화를 내면 어떻게 감당하지'라는 생각이 머리에서 떠나질 않았다. 한국 드라마에서 본 그런 극적인 일들이 일어날까 조마조마했다.

그렇게 무거운 마음으로 미팅을 시작했다. 그런데 이상하게 고객의 말투는 매우 정중했고 놀랍게도 차분했다. 현재 문제점이 무엇인지 내가 이해할 수 있을 만큼 상세하게 설명해 주었다. 그리고 납기가 늦어질 때의 여파를 충분히 고려하여 조처해달라고 간곡히 부탁했다. 당신과 나는 유기체적으로 맞물린 파트너임을 인지해달라고 오히려 고개 측에서 몇 번이고 강조해서 말했다. 당신과 나 사이의 관계는 'win-win'이므로 서로 합심하자는 말에 어리둥절할 수밖에 없었다. 분명 혼나거나 최악의 경우에는 무릎이라도 꿇어야 하나 라는 마음으로 미팅에 임했는데 말이다.

그날 나는 태연하게 미팅을 잘 끝내고 나왔다. 하지만 미팅이 끝나자마자 긴장이 풀려 온몸이 아팠다. 그래도 이 경험은 충분히 놀라웠고 신선했다. 내가 생각했던 뻔한 고객의 '갑질 레퍼토리'가 빠졌다. 아마 드라마였다면 시청률이 다 빠질 정도로 재미 없는 드라마였을지도 모르겠다. 그 이후 전력을 다해 해결점을 찾고 싶었다. 나의 고객에 대한 약속을 지키고 싶은 마음이 간절했기 때문이다. 그 순간 '진정한 파트너' 관계는 정말 수평의 문화에서 나온다는 걸 느꼈다. 나의 프로젝트의 성공은 너의 성공과도 다름없다는 그 수평적인 마음 말이다.

외부와의 관계도 '갑질'이 존재하지 않으니 내부 관계도 최대한 수평적이다. 외부에서 받은 스트레스 지수가 낮다 보니 내부로 그 스트레스를 풀지 않는 것이다. 게다가 직급이 높다고, 나이가 많다고 할 말을 못 하게 하지 않는다. 개인적으로 겪었던 최고의 프랑스 상사들은 불합리한 걸 불합리하다고 말할 수 있도록 권장했고, 아이디어가 있으면 적극적으로 표현하라고 격려해줬다. 오히려 적극적으로 말하지 못하고 전전긍긍할 때, 표현할 수 있는 능력을 기르게 해주었고 용기를 주었다.

진짜 '워라밸'은 삼박자가 맞물려 돌아가야 한다. 국가가 제도로 보장해주고, 회사가 실행해야 한다. 그리고 각 개인이 서로의 업무 방식을 존중하는 문화를 정착해야 한다. 그래야 일하는 개인이 마음 놓고 행복해질 수 있다.

결국, 제도로 시작한다. 아무리 '워라밸'을 강조해도 국가의 규범이 마련되지 않으면 개인의 '워라밸'은 제자리일 것이다. 근무시간과 근무시간 외 까지도 제도로 보호받을 방법을 제공하는 길이 개인의 삶의 질을 보장하는 가장 확실한 방법이다. 그다음은 회사와 공공기관에서 지켜져야 한다. 말뿐인 제도가 아니라 내부적으로도 흔들리지 않는 직장문화를 자리 잡아야 한다. 그래야 개인이 행복해진다. 육체적으로 정신적인 개인은 결국 가정을 행복하게 만들 수 있는 기초이다. 가정이 행복하면 일터에서도 견고하게 흔들리지 않을 수 있다. 튼튼한 기업의 문화는 결국 또 기업을 발전시키고 나라의 경제에 크게 기여한다. 행복한 개인은 결국 점차 큰 단위로 뻗쳐나가 더 큰 긍정적인 효과를 불러일으킨다.

004

# 실례합니다, **감사합니다,** 좋은 하루 보내세요

사춘기 시절부터 알게 된 단어 중 “짜증나!”는 집에서는 금기어였다. 혼잣말로 짜증난다는 표현을 해도 어디선가 기가 막히게 들은 아빠한테 걸려 호되게 혼나곤 했다. 그 말을 입 밖으로 꺼내는 순간 옆에 있는 사람에게 짜증이 전가된다는 아빠의 논리에 따라 나는 항상 입 밖으로 내뱉는 말을 조심해야 했다.

어른이 되고 보니 말에 강력한 힘이 있다는 걸 알았다. 언어를 입 밖으로 나오게 하기까지 수많은 단계의 생각을 거치게 된다. 의식과 잠재의식에 깊게 뿌리박혀있는 생각들이 결국 튀고 나오고야 만다. 하루 동안 어떤 말을 가장 많이 하는지 관찰해보면 어떤 생각들을 주로 하는지 알 수 있다.

말에 힘이 있다는 논리를 신선하게 풀어쓴 책이 고이케 히로

시의《우주님이 가르쳐준 운이 풀리는 말버릇》이라는 책이었다.

“우주는 우주의 넘치는 에너지를 증폭시키는 장소이며, 그 에너지를 눈앞에 형태로 만들어 낸다. 이것이 우주의 성질이다. 그 에너지의 파동으로서 우주가 가장 받아들이기 쉬운 것은 그 사람이 믿고 있는 대상이나 말이다. 즉, 평소에 자주 사용하는 말버릇이다. 자기도 모르게 입 밖으로 튀어나오는 말, 즉 말버릇은 본인이 마음속으로 믿고 있는 인생의 대 전제라고 생각하면 된다”

결국, 매일 부정적인 언어를 달고 사는 사람과, 긍정적인 언어를 쓰는 사람의 삶은 현저하게 차이 날 수밖에 없다. 부정적인 언어를 쓰면 그 언어와 알맞은 상황이 연출된다. 그리고 반대로 긍정적인 언어는 지속해서 긍정적인 환경을 만들어 낸다. 말버릇을 조심한다는 것은 결국 나의 생각과 잠재의식까지도 통제하고 긍정적으로 바꾸는 행동이다.

그렇다면 과연 나는 긍정적인 언어를 많이 쓰는가 아니면 부정적인 언어를 많이 쓰는가. 스스로를 관찰하면서 동시에 주변 사람의 언어 습관을 들여다보곤 했다. 정말 중요한 새로운 비즈니스 시장 개척을 앞두고 ‘이건 절대 될 수가 없어’라고 하는 사람의 하루를 보았다. 직접 개발하고 연구한 제품을 본인이 비판하는 격이나 다름없었다. 본인이 확신이 없고 부정적인 에너지를 내뿜었는지 모른 채 말버릇은 전혀 변하지 않았다. 그 제품을 보고 있는 사람도 마음이 편치 않으니 새로운 사업으로 연결되지 않았다.

그뿐만이 아니었다. 시도 때도 없이 '나는 정말 운이 없어'라고 말하는 사람에게는 정말 안 좋은 일들만 연달아서 일어났다. 안 좋은 일들이 많이 일어나서 운이 없는 것이 아니라, 운이 없다고 말하기에 안 좋은 일들이 연속적으로 일어났다. 대체로 인과관계를 반대로 파악해서 일어난 일이다.

실수나 실패의 경험에서도 배울 점을 찾지 못하고 '운이 없다'고 결론 내린 사람은 운이 없는 악순환을 반복한다. 하지만 그 순간에도 배울 점을 찾는 사람의 미래는 다르게 전개된다. 운이 넘치게도 그 환경에서 배울 점을 기가 막히게 찾아낸다.

그렇다면 나는 어땠을까. 부끄럽게도 나의 언어도 대체로 긍정적인 언어보다 부정적인 언어가 많고, 객관적인 언어보다는 주관적인 언어가 많았다. 의식적으로 부정적인 언어를 쓰지 않으려고 노력하거나 그마저도 힘들 때는 침묵하는 편을 택했다. 안 좋은 일이 생겼을 때는 특별히 더 언어를 신경 썼다. 현상을 두고 '문제'로 인식하지 않기로 했다. 오로지 현상에 대한 답을 찾으려 했다. 문제를 문제로 인식하지 않으니, 더 이상 그것은 문제가 아니었다.

언어의 강력한 힘을 인식한 후 가장 자주 쓰는 단어나 문장이 무엇인지 곰곰이 들여다보았다. 무수히 모르는 타인과 관계를 맺는 프랑스 사회에서 가장 자주 쓰는 단어는

"실례합니다, 감사합니다, 좋은 하루 보내세요" 였다.

하루에 한 번 이상은 꼭 세 가지 말을 썼다. 개별적으로도 많이 썼지만 두 표현을 붙여서 쓰는 경우도 많았다. 타인에게 실례를 범하기 전 혹은 후에 꼭 "실례합니다Excusez-moi" 라고 말을 건넸다. 지하철에서 혹은 엘리베이터에서 몸을 부딪치거나 걸으면서 타인을 앞질러 가야만 할 때, 미안함을 전달하는 말이었다.

동시에 감사함을 전달하기도 한다. 지하철 안에서 좁은 공간을 비집고 들어가 자리를 차지했을 때 길을 비켜준 사람들에게 미안하면서 고마움을 전달한다. 레스토랑이나 카페에 가서 서비스를 제공한 사람들에게도 자연스럽게 '감사합니다, 좋은 하루 보내세요' 라는 인사말을 전달했다.

엘리베이터에서 마주치는 모르는 사람에게, 짧게 전화통화를 마친 친구와 그리고 일을 하면서 관계 맺는 수많은 고객들과 "좋은 하루 보내세요"라는 말을 했다. 나의 하루가 행복하길 바라는 만큼 그대들의 행복도 바라는 마음을 담아 이야기를 전달했다.

사소한 행동에 의례적으로 하는 말이어도 밖으로 표현하고 표현을 받는 것이 참 좋았다. 게다가 누군가는 매일 일상적으로 쓰는 말이었지만 나에게는 큰 의미가 있었다. 일상적인 감사함, 미안함, 행복을 바라는 마음을 전달하는 걸 어색해하는 한국사회가 떠올랐기 때문이다. 가끔 한국에서 같은 얼굴 붉힐 일을 경험해도 짧게 나오는 '어!' 라는 탄식 외에 다른 미안함이나 고마움의 표현이 빠져있을 때 아쉬움이 있었기 때문이다. 엘리베이터에서 마주친 초면인 사람에게 습관처럼 '안녕하세요' 라고 했다가 무안해지는 경우도 종종 있었다.

지구 반대편에서는 지극히 자연스럽고 당연했던 말버릇들이 어색해지고 불편해질 때 사회가 경직되어 있다는 걸 느꼈다. 우리 삶에 안부를 전하고, 미안함을 표현하고, 좋은 하루를 바라는 것이 이렇게도 어색했던 것일까. 한때 한국 삶은 너무나도 익숙한 곳이었지만 다시 한국으로 돌아와서 생활하는 데 생각보다 더 큰 이질감을 느낄 수도 있다는 것을 깨달았다.

"실례합니다, 감사합니다, 좋은 하루 보내세요" 는 나를 비롯한 프랑스에서 생활하는 사람들이 공통적으로 많이 쓰는 단어이기도 하다. 고이케 히로시의 논리를 빌리자면, 타인을 배려하는 말을 더 자주 내 뱉는 것은 사회 전체에 긍정적인 에너지를 만들어 내는 것과 같다는 생각이 들었다.

매일 일상에서 마주하는 타인에게 적극적으로 미안함, 고마움, 행복을 전달하는 일은 전혀 어색하거나 낯선 문화일 필요가 없다. 나의 행복을 원하는 만큼 타인의 안녕과 행복을 전달하는 일, 프랑스인들처럼 자연스러워질 순 없을까?

005

# 여유시간이 **나의 하루를** 결정한다

힘든 석사과정을 마치고 경제활동을 처음 시작하면서 그동안 수고한 나를 위로하는 차원에서 1년은 나만의 '안식년'으로 가졌다. 자기계발도 하지 않았으며, 저축도 하지 않고 즉흥적으로 하고 싶은 것에 모두 소비했다. 일이 끝나고 집에 돌아오면 TV를 보면서 수고하는 나를 달래주었다. 아주 쉽고 빠르게 '컴포트존'에 머무르면서 현실에 안주하기 시작했다. 그렇게 꼭 1년이 지나니 변한 게 하나도 없었다. 마치 '돈을 버는 바보'가 되는 기분이 들었다.

한국에서는 경쟁이 눈에 보이기에 끊임없이 경쟁하는 환경에 노출된다. 스스로 원하지 않아도 분위기에 이끌려 자기계발을 강요당하기도 한다. 정반대로 프랑스에서는 흔히 한국에서 보는 경쟁을 직접 목격할 기회가 적다. 프랑스에서는 한국처럼 직장인들로 넘쳐나는 학원도 없고, 자정까지 여는 도서관도 없으며, 독서실이라는 건 아예 존재하지도 않는다.

프랑스에선 보이지 않는 시간을 활용하는 법이 더 중요하다. 경쟁이 보이지 않는 사회이기 때문이다. 경쟁이 보이지 않는다고 현실에 안주한다면 더 쉽게 도태할 수 있는 사회이다. 하지만 장점이 있다. 타인과 경쟁해야 하는 긴장감이 한국보다 절대적으로 적다. 따라서 여유시간을 경쟁이 아닌 본인의 성장을 위해 쓰는 시간이 더 많다.

모든 사람이 공평하게 가지고 태어나는 것은 바로 하루 24시간이다. 하루는 24시간으로 한정되어 있는데 시간을 어떻게 활용하느냐에 따라 사람들이 사는 모습은 천차만별이다. 성공하는 사람들의 하루는 어떻게 다른 걸까.

할 엘로드의 저서《미라클모닝》에는 성공에 대해 이렇게 말한다.

"우리 외부 세계는 언제나 우리 내부 세계를 반영한다. 우리의 성공 등급은 언제나 우리의 자기계발 등급과 일치할 것이다. 우리가 원하는 삶을 창조할 수 있는 사람이 되기 위해 자기계발에 매일 시간을 투자하지 않는다면 성공을 손에 쥐긴 어렵다."

성공한 사람들은 여유시간도 개인의 성장을 위해 쓴다. 여유시간이 나의 하루를 결정하고, 1년을 결정하며, 길게는 평생을 좌우하기도 하기 때문이다. 사회 초년생의 1년을 어영부영 보내고 나니 회의감이 몰려왔다. 지친 심신을 달래는 데는 1년이란 긴 시간이 필요하지 않았다. 스스로 합리화를 하면서 시간을 버렸던 것에 지나지 않았다.

가장 후회가 된 부분은 경제적 상태였다. 다년간의 습관으로 소비하는 법은 기가 막히게 잘 알았지만, 저축은 실행되지 않았다. 젊은 청춘이 아까운데 왜 저축만 하면서 살아야 하는지 모르겠다며 그렇게 무분비한 소비를 했다. 꼭 1년이 흐르고, 회계 분야 공부를 더 하고 싶었다. 그때 내 통장은 텅텅 비어있었다. 부모님께 손 벌리기도 민망한 나이였다.

나는 회사에서 회계업무를 하는 사람이다. 매일 같이 현금흐름을 관리하고, 예산 대비 실제 지출을 분석하며, 자산을 관리하는 회사의 살림꾼이다. 그런데 막상 회사의 재무관리는 매일 하는데 내 개인 재무제표에는 관심도 없었다. 부끄러운 일이었다. 그날 바로 엑셀 파일로 나의 재무 상태를 점검했다. 크게 자산, 자본, 부채로 나누었다. 부채도 크지 않았지만, 자본과 자산도 거의 제로에 가까웠다. 회사에서는 현금흐름이 마이너스로 흐르면 파산이라고 이야기한다. 내 재무제표도 예상치 못하게 부채가 생기는 '개인파산'이나 다름없었다.

충격을 금치 못하고 목표를 새로 세우기 시작했다. 부채는 줄이고 자산과 자본을 늘리는 데 집중하기로 했다. 직장으로서 자본을 축적할 수 있는 유일한 길은 월급이다. 월급이 기하급수적으로 늘 수 없는 현실이라면 자산에 집중해야 한다. 우선, 소유함으로써 가치가 떨어지는 물건에 대한 소비를 줄여야 한다. 그리고 시간이 지남에 따라 가치가 증대하는 곳에 현명한 소비를 해야 재무상태가 탄탄해진다. 그렇다면 자산을 증대시키는 가장 좋은 방법은 무엇일까. 자본이 없는 상태에서 무작정 자산을 늘릴 수도 없는 상태에서 나는 깊은 고민에 빠졌다.

아무것도 모른 채 투자에 관련한 책을 읽다 투자의 대가 '워런 버핏'의 명언을 보게 되었다.

"최고의 투자는 자기 자신의 능력에 대한 투자이다."

어떤 장황한 투자에 대한 조언보다 가장 눈에 먼저 들어온 대목이었다. 나에게 투자하는 것이 결국 가장 큰 자산이라는 것을 깨달은 순간이었다. 나에게 투자하는 삶은 어떤 삶일까. 제대로 된 자본을 축적하기에 앞서 나에 대한 투자를 가장 먼저 실천하기로 했다. 일, 건강, 관계, 재정목표 모두의 조화가 가장 중요했다. 이 모든 분야를 건강하게 키워나가려면 균형이 필요했다. 일과 삶의 균형, 사람 사이의 균형, 운동과 식단의 균형, 재무 상태의 균형. 그 어느 하나라도 무너지면 안 되는 삶을 만들고 싶었다.

최소한의 투자로 최대의 가치를 창출해낼 방법은 지속해서 건강한 자극을 심어주는 것이었다. 나에게 건강한 자극이란 좋은 책과 동기부여가 되는 강연 그리고 긍정적인 자극을 주는 사람과의 관계였다. 그렇게 나는 시간에 대한 귀중함을 깨달아 갔다. 살아 숨 쉬는 모든 시간을 나의 행복과 건강을 위해 투자하는 삶은 생각보다 더 즐거웠다. 짧은 시간도 모두 나에 대한 투자가 되도록 만들었다.

첫째, 책을 다시 가까이하기 시작했다. 당시 다니던 회사는 출근 시간만 한 시간이 넘었다. 인터넷이 잘 터지지 않는 파리의 지하철은 완벽한 공부의 장소가 될 수 있었다. 관심이 가는 책은 모조리 읽었다. 투자, 운동, 식단, 자기계발, CEO의 성공담까지 가리지 않고 읽고 난 다음 실천하고 싶은 것은 노트에 옮겨 적었다. 말 그대로 좋은 책은 나의 삶을 정확히 관통했다. 책에서 읽은 것을 실천하고 체화시켜 습관이 작가의 것인지 나의 것인지 구별이 안 될 정도로 깊게 받아들였다.

둘째, 흘러가는 아침 시간을 이용해 강연을 듣기 시작했다. 아침 출근을 준비하면서 좋은 강연으로 긍정적인 에너지를 충전한다. 평소 관심 분야에서 가장 뛰어난 전 세계 전문가들의 강연을 찾아 듣는다. 엄마가 주는 것 같은 따뜻한 동기부여를 받고 싶을 때는 '김새해 작가'와 '김미경 강사'의 강의를 즐겨 듣는다. 더 강력한 동기부여가 필요한 날에는 영어로 된 브라이언 트레이시, 토니로빈스, 마윈의 강의를 들었다.

실제로 언어에 따라서 강연을 전달하는 목소리의 톤이 매우 다르다. 대체로 내가 즐겨듣는 한글 강의는 잔잔한 형태로 진행되는 게 많다. 반대로 영어도 된 강연을 보면 몸짓이 크고 목소리도 격양된 때가 많다. 투자에 관련한 동기부여를 받고 싶을 땐 프랑스어 강연을 들으면서 이론을 배우는 동시에 언어를 배우는 일거양득의 효과가 있었다. 그러다 보면 언어를 자체를 배우는 것이 목적이기보다 언어를 통해서 배울 수 있는 지식의 무한정함을 깨닫게 된다.

셋째, 가벼운 스트레칭으로 아침을 시작한다. 알람이 울린 뒤, 잠자고 일어난 바로 그 따듯한 온기가 남아있는 침대에서 가볍게 스트레칭을 한다. 서서히 의식이 깨어나는 데까지 10분 정도의 여유를 준다. 그러면 몸도 서서히 반을 한다. 잠들어 있던 세포가 깨어나고 있음을 느낄 정도로 천천히 몸을 풀어준다. 그렇게 몸이 서서히 깨어나면 근육 운동을 시작한다. 화장하면서 혹은 강연을 들으면서 짧은 시간 동안 근육 운동을 하고 나면 하루 30분 이하의 운동으로 3시간 이상 운동 효과를 낼 수 있다. 실제로 근육 운동을 하면 내가 움직이지 않는 시간 동안에도 활발히 활동하면서 지방을 연소시킨다.

직장인의 시간은 귀중하다. 시간의 귀중함만 깨달을 수 있다면 주어진 짧은 시간을 최대한 이용하는 건 그리 어렵지 않다. 나에게 한 투자는 주식의 몇 천 배 가치 증가 이상보다 더 값진 투자 결과를 선사할 것이다.

006

# 나에게 **다가오는 기회를** 알아차리는 법

유비무환. '준비한 자에게는 두려움이 없다'라는 사자성어이다. 우리 집에서는 이 사자성어를 적재적소에 인용했다. 차로 여름 가족여행을 떠날 때 차 안에서 먹기 위해 준비한 도시락을 먹을 때 마침 젓가락이 없을 때, 아빠는 차 안에 가지고 다니던 나무젓가락을 꺼내며 '유비무환'이라고 외쳤다. 겨울 수학여행을 떠날 때 한사코 말리는 딸을 제치고 내복을 가방 안에 넣으며 '꼭 필요할 거야'라고 말씀하셨다. 실제로 겨울 여행은 너무나 추웠고 챙겨온 내복을 보며 '유비무환, 맞네'라고 인정할 수밖에 없었다.

한 사건을 통해 우리 가족은 절실하게 '유비무환'의 태세를 갖췄다. 하루는 해외로 연수를 가야 하는 아빠가 일행을 챙기느라 본인 여권을 집에 깜빡 두고 간 사건이 있었다. 공항에 도착해서야 이 사실을 알게 된 아빠는 부랴부랴 엄마와 동생에게 불나게 전화를 했다. 나는 그때 당시 파리에 있었으니 연락을 해도 소용이 없었다. 마침 집에 있던 동생이 집에서 출발하여 여권을 전달하는 것이 가장 빠른 방법이었다. 동생은 평택역까지 기차를 타고 택배기사와 만나 오토바이로 퀵 배송 길에 올랐다. 기다리는 아빠와 여권을 가져가는 동생은 서로 얼마나 가슴 졸였을까. 동생을 공항에서 본 아빠는 두 팔 벌려 아들을 안아주었다. 동생은 아빠에게 말했다.

'아빠, 나 아빠 한 번 더 보려고 왔어. 잘 다녀와.'

우리는 이 사건에 굳이 '유비무환'이라고 이구동성 외치지 않았지만 그 날 이후로 더 미리 준비하는 습관이 생겼다. 인생에서 가장 사소해 보이는 것까지도 준비하는 습관을 갖게 되었다. 특히 중요한 일을 새로 시작할 때에는 더 철저하게 준비했다. 사업계획서처럼 나의 계획을 상세하게 부모님께 보여드렸다. 보여드린 엑셀 파일 안에는 실행 일시, 목적, 달성하고자 하는 목표, 예산까지 정리된 상세 내용이 적혀있었다.

물론 인생은 내가 계획한 대로 흘러가지는 않았다. 하지만 목표 없이 새로운 일에 도전하는 것과는 차원이 달랐다. 항상 목표를 잊지 않고 노력하는 과정이 있었기에 이루고자 하는 목적지

근처에 머무를 수 있었다. 많은 사람이 '목표'를 이루기 위해 열과 성을 다하지만, 목표를 이루고 나서 다음 단계를 설립하지 않을 때가 많다.

내가 캐나다로 어학연수를 갈 때였다. 같은 학교의 동기들이 프랑스로 어학연수를 떠날 때, 나는 홀연히 캐나다 몬트리올로 떠났다. 영어와 프랑스어를 동시에 쓸 수 있는 환경이었기에 두 마리 토끼를 한 번에 잡고자 최종 어학연수 목적지로 선택했다. 공부, 여행계획 그리고 생활 계획까지 아주 구체적으로 적었다. 가장 이루고 싶은 한 가지 목표는 영어와 프랑스어로 된 책을 적어도 5권정도 읽는 것이었다. 1년의 어학연수를 끝으로 여전히 자유롭게 프랑스어를 구사할 수는 없었지만, 읽는 습관을 꾸준히 몸에 배도록 했다. 목표를 적어놓고 매일 각인시킨다면 목표에 가까워지는 습관이 형성된다.

프랑스 유학길에 올랐을 때도 똑같은 방법을 사용했다. 학업, 언어, 인턴쉽 목표든 예상할 수 있는 분야는 최대한 상세하게 목표를 잡았다. 이미 원하는 학교의 입학이 확정된 사람이라면 입학해서 이루고자 하는 목표를 수립해야 공부의 방향이 명확해질 수 있다. 목표가 있다면 위기가 와도 다시 일어날 용기를 낼 수 있다. 하지만 목표가 없다면 쉽게 흔들리고 빠르게 포기를 한다. 그렇다면 목표는 어떻게 세워야 할까.

첫째, 성공적인 유학을 마쳤다는 가정에서 목표를 수립하라. 거꾸로 시작하는 것이다. 어학연수, 교환학생, 대학생, 편입생, 대학원생, 박사과정 등 유학을 성공적으로 마친 시점에서 내가 가장 하고 싶은 목표가 무엇인지를 정한다. 예를 들어, 유학을 마친 뒤 프랑스에서 정착하여 사회 경험을 쌓고 싶은지 아닌지를 결정하라. 만약 정착할 계획으로 유학길에 올랐다면 나머지 선택권은 한국으로 돌아가거나 다른 나라로 또 탐험을 떠날지가 결정된다.

의외로 많은 유학생에게 나중에 프랑스에 정착하고 싶은지 아니면 돌아가고 싶은지 물으면, 나중에 졸업하고 나서 생각하겠다고 하는 학생들이 대다수이다. 아직은 모르니 갈 때까지는 가보자는 것이다. 하지만 공부만 열심히 하다가 졸업이라는 최종 목적지에 도달했을 때, 생각 외로 허무함이 몰려올 수 있다. 무엇이든 졸업이라는 산 만 넘으면 다 가능하리라 생각했던 호기로운 마음이, 실제 너무나 높은 현실의 벽 앞에 쉽게 무릎 꿇을 수도 있다는 뜻이다. 그러니 미리 목표를 정하고 그에 맞는 준비를 해야 한다.

둘째, 큰 목표를 세웠다면 목표를 세분화하라. 학업을 통해서 이루고 싶은 목표, 생활하면서 이루고 싶은 목표, 새로운 사람들을 만나는 목표를 세운다. 구체적이고 수치화시킬 수 있으면 좋다. 상상할 수 있는 만큼 원대하게 꿈꾸고 생생하게 적어야 한다.

나는 프랑스 정치대학원에서 국제개발학을 전공으로 선택하고, 세부 전공으로 아프리카학 및 인권학을 선택했다. 나의 목표에는 빼곡히 100가지 정도의 리스트가 적혀있다. 공부하는 동안 국제기구에서 일하는 사람 10명 만나기, 국제기구에서 6개월 일하기, 아프리카 관련 책 100권 읽기, 프랑스어와 영어를 쓰는 글로벌 회사에 입사하기 등 프랑스에서 이룰 수 있는 목표를 다 적어 내려갔다. 물론 인생의 여러 가지 변수로 목표는 언제든 수정될 수 있다. 누구를 만나는지, 어떤 경험을 하는지, 어떤 책을 만났는지 등 알 수 없는 미묘한 변수들로 수정되기도 한다. 그렇다면 상황에 맞게끔 수정하면 된다. 가끔 예기치 못한 만남과 경험은 더 멋진 세계로 인도하기도 한다.

한 가지 방법을 주고 싶다. 프랑스에서 꼭 일하고 싶은데 너무나 막막해서 어떻게 해야 할지 모를 때 내가 썼던 방법을 공개한다. 실제로 국제기구에서 일하는 사람을 만나기 위해 여러 가지 정보를 찾았다. 우선 학교 동문회 연락망을 가장 먼저 이용했다. 혹시나 연락이 닿질 않는다면 요즘 같을 때는 이력서를 공개하는 플랫폼을 찾아가 회사 이름, 국제기구 이름을 검색하여 비슷한 이력을 갖은 사람 혹은 꼭 연락해보고 싶은 사람을 찾는다. 모든 사람이 대답하지는 않았지만 그중 일부는 진심 어린 조언을 해주었다. 더 확실한 방법이 있다.

셋째, 구체적인 행동계획과 포트폴리오 작성하기 단계이다. 목표를 세웠다면 목표를 이루기 위한 행동계획을 짜야 한다. 그리고 나의 발자취를 기록할 포트폴리오와 이력서를 준비한다. 프랑스에 온 학생이라면, 언제든 프랑스어로 된 이력서를 꼭 필요한 시점에 보여줄 수 있도록 항상 준비하라. 전자파일 형식이어도 좋다. 단, 새로운 경험을 할 때마다 최신 버전으로 수정해야 한다.

학생들은 대체로 인턴을 지원할 때, 취업을 준비할 때에 맞춰서 이력서를 준비한다. 미리 준비해 놓고 여러 번 수정할 시간을 갖는 것이 좋다. 외국인으로서 프랑스인들과 전 세계의 우수한 학생들과 경쟁에서 돋보이기 위해서는 나를 정확히 표현할 수 있는 포트폴리오나 이력서를 준비하는 것은 필수다. 꼭 맞는 단어를 찾고, 나의 강점을 가장 명확하게 드러낼 수 있는 문장을 갖추기 위해 여러 번 수정해야 한다. 예술계통의 공부를 하는 친구라면 포트폴리오가 매우 익숙할 것이다. 문과생이거나 이과생에게는 조금 생소한 개념일 수 있다.

쉽게 말하자면 본인의 지나온 흔적을 이미지화시키는 것이다. 혹시나 프랑스어가 부족해서 용기나 나지 않는 자리라면 이미지로 나의 이력을 어필하라. 주어진 기회를 절대 놓지 않을 나만의 무기를 가지고 있으면 무서울 것이 없다.

흔히 준비된 사람들에게는 기회가 찾아온다고 이야기한다. 하지만 목표를 향해 달리는 사람은 기회에 다가가는 행동을 만든다. 너무 우연 같아서 기회가 찾아온 것처럼 보일 때도 있다. 자세히 들여다보면 그 기회는 본인이 끌어당기고 있던 것이다. 그래서 기회가 결국에 생길 수밖에 없는 우연 같은 필연을 만들어 낸다. '기회를 만드는 행동을 하고 있는가?' 자신에게 질문하자. 준비된 자는 기회를 먼저 포착한다. 기회는 늘 가까이에서 당신을 기다리고 있다.

007

# 프랑스인처럼 **생각하고,** 말하고, 행동하라

매년 해외로 여행을 가는 한국인 숫자가 기하급수적으로 증가하고 있다. 더불어 유학, 취업, 이민 등 다양한 형태로 해외에 체류하는 숫자도 매년 기록을 경신한다고 한다. 한때 뒤숭숭했던 한국의 사회, 정치적인 모양새도 차츰 가라앉고 있는데도 여전히 수많은 사람들이 다른 나라에 살기 위해 기회를 찾고 발걸음을 옮긴다.

'왜 한국을 떠나는 걸까?'

나도 한국을 떠나 이미 여러 해 동안 다양한 국가에서 체류했다. 미국, 캐나다, 프랑스, 아프리카에 살았던 경험을 비춰 봤을 때, 나는 한국을 떠나서 더 자유롭고 더 나답게 살고 있다. '왜 나는 한국에서는 나답게 사는 게 더 힘들었을까?' 오랫동안 고민했다. 관심이라는 탈을 쓰고 나답게 사는 삶을 침해하는 그 근본에 무엇이 있는 걸까.

우리는 너무나 자연스럽게 타인의 삶에 관심을 두고 산다. 인터넷 포털 사이트만 비교해봐도 알 수 있다. 몇 국가를 빼놓고 인터넷 초기화면은 모두 구글로 시작한다. 반대로 대부분의 한국 사람은 초기화면을 초록색 창으로 지정한다.

구글은 내가 원하는 정보를 바로 찾을 수 있도록 유도한다. 검색어를 입력하면 관련 기사, 홈페이지, 블로그 등 정확히 원하는 검색에 관련된 내용만 볼 수 있다. 양옆으로 들어찬 광고 때문에 머리가 아플 일도 없고, 부정적인 내용의 기사로 정신이 빼앗길 일도 없다. 꼭 찾고자 하는 정보를 스스로 찾지 않는 이상, 몇백 개씩 새로운 정보가 눈앞에 쏟아질 일이 없는 것이다.

하지만 네이버는 내가 원하는 정보보다 다른 정보에 눈길이 더 가도록 만든다. 많은 정보를 전달하기 위해 한 페이지에 여백 없이 빼곡히 정보가 들어찬다. 기자들은 선정적이고, 자극적인 내용으로 사람들의 관심을 유도하려 점점 더 극단적인 내용의 글을 싣는다. 삶을 살아가는 데 꼭 필요한 정보도 있지만, 굳이 알아야 하지 않는 정보들도 넘쳐난다. 자신이 필요한 정보를 찾아보는 것보다 우연히 보게 된 실시간 검색어에 이끌려 자신도 모르는 사이에 의지와 상관없는 정보를 받아들이게 된다.

가장 두드러지는 두 포털 사이트의 차이점 중 하나는 개인과 특정 공인에 관한 관심의 차이다. 네이버에 올라오는 특정 정보들은 특정 인물이 입는 옷, 사는 방식, 소유한 물건에 필요 이상의 관심을 두게끔 유도한다. 소통을 위해 마련한 댓글 기능은 이제는 더 순기능을 하지 않는다. 정보의 공유를 위해 마련한 플랫폼이 타인을 비난하고 비방하는 공간의 장으로 번져 비극적인 결말을 보기도 한다. 무의식중에 우리는 타인의 삶을 더 깊게, 더 자주 들여다보는데 중독이 된다.

프랑스에서 한창 스캔들이었던 현 마크롱 대통령과 부인 브리짓 트로뉴의 나이 차이를 두고 프랑스인들과 한국인들의 반응이 흥미로웠다. 대통령 후보가 발표되었을 때, 네이버에는 마크롱 대통령과 부인에 관한 기사가 실시간으로 올라왔고 큰 논쟁거리가 되었다. 프랑스인들도 놀랐지만, 한국인들은 이 사실에 더 놀란 것 같았다.

대통령 선거기간 동안 점심시간마다 프랑스 동료들과 매일같이 전날 생중계된 대선 토론을 두고 이야기를 했다. 프랑스인들에게도 두 사람의 관계와 나이 차이는 충분히 충격적인 일이었다. 두 사람의 가정사와 러브스토리까지 처음부터 끝까지 다 읊어주었다. 마치 두 사람의 일을 직접 겪은 것처럼 생생하게 이야기를 들려주었다.

하지만 그것은 대화의 시작에 불과했다. 한 시간 정도 밥을 먹는 동안 스캔들에 관한 이야기는 5분에 채 미치지도 못했다. 열 띄게 이야기하던 동료가 갑자기 말을 멈추더니, '어쨌든, 사생활은 사생활이고 내가 판단할 부분은 아니니 대통령감이 될 수 있는지가 제일 중요하지'라고 했다. 옆에 있던 동료가 한마디 거들더니

'그 사람 사생활은 신경 안 써 on s'en fout de sa vie privée' 라고 말했다.

그렇게 마크롱 대통령의 경력과 경험을 열거하며 젊은 대통령으로서 어떻게 프랑스의 미래를 바꿀 수 있을지 각자의 생각을 열거하느라 대화 중간에 끼어들 틈도 없던 토론의 장이었다. 그날 뇌리에 가장 깊이 박힌 단어는 '신경 안 써'였다.

개인적인 경험으로 비춰 봤을 때, 외국에서 살 때 나는 더 나답게 생각하고, 말하고 행동했다. 그 배경에는 나에게 가장 좋은 정보만 취하고 중요하지 않은 정보에는 '신경 안 써'라고 이야기할 수 있는 자유가 있었기 때문이다. 크게 가치가 없는 것에 에너지와 시간을 빼앗기지 않을 수 있는 자유는 생각보다 더 큰 자유를 선사한다. 타인의 생각이 나와 다르면 다른 데로, 틀리면 틀린 대로 이해하고 인정하면 편하기 때문이다. 역으로 말해, 내가 자유

롭게 생각하고 말하고 행동하더라도 타인도 나에게 큰 신경을 쓰지 않는다고 생각하면 타인의 판단에서 벗어날 수 있다.

자기주장이 강한 프랑스인들은 본인의 기준에 옳다고 하는 생각을 말과 행동으로 표현하는데 거리낌이 없다. 물론, 자유의 전제가 타인의 자유를 침범하지 않는 내에서인 것처럼 프랑스인들도 그 자유의 영역을 침범하지 않는 내에서 마음껏 생각하고 행동한다.

내면의 소리에 귀 기울이자. 외부의 자극을 그대로 받아들이는 것이 아니라 본인의 경험과 사고를 덧붙여야 한다. 그래서 나만의 사고를 확장해나가고 변화시켜나가야 한다. 자신만의 확고한 사고가 정립되면 각자의 기준에서 싫은 건 싫다고 이야기하고, 비합리적인 건 비합리적이라고 말할 수 있는 자유가 생긴다. 우리 더 자유로운 사람이 되자.

008

# 미래는 **내가 생각하는** 대로 된다

대체로 새로운 시도를 하려고 할 때, 능력이 부족하다고 생각하여 지레 겁먹는 경우가 있다. 많은 사람들이 능력이 충분해질 때까지 기다리거나 조건이 완벽해질 때까지 미룬다. 내가 정말 이룰 수 있을까, 없을까를 고민하는 시간에 지금 당장 할 수 있는 일 한 가지를 하는 것이 더 생산적이다. 고민만 한다고 해서 미래가 달라지지는 않기 때문이다.

미래를 예측할 수 있는 사람이 얼마나 될까? 아무리 유명한 학자이거나 유언자이더라도 정확하게 미래를 알 수는 없다. 게다가 명확하게 그리는 미래가 있더라도 어떤 우연한 사건이나 경험을 통해 바뀔 수 있다는 것을 수없이 목격했다. 미래의 모습은 알 수 없지만, 하루 흘러가는 현재를 충실히 살면서 미래를 새롭게 창조할 수 있다. 몇 년 전에 그렇게도 바라던 일을 해낸 자신을 보면서 놀랄 때가 있다면 '생각의 힘'을 믿는 사람들이다.

어떻게 원하는 미래를 지금 바로 현재에서 창조할 수 있는 것일까. 생각보다 방법이 더 간단하다. 매일같이 꿈을 시각화하고 모든 행동과 사건들을 꿈을 이루는 단계라고 인식하면 된다. 나는 연초에 사랑하는 친구들과 가족들과 원하는 목표를 함께 작성한다. 그리고 꼭 그 카드를 꼭 지갑 속에 넣어 다니라고 말한다. 돈을 쓸 때마다 내가 그린 목표를 다시 마음속과 머릿속에 새기는 것이다.

지갑에 넣고 다니는 것이 부족하다면 거울 옆에 붙여두면 더 효과가 확실하다. 매일 아침 옷을 입고, 화장할 때마다 거울을 몇 분씩 들여다본다. 거울 옆에 올해 이루고 싶은 목표가 적힌 종이를 붙여놓으면 자연스럽게 매일 아침 읽게 된다. 목표를 읽고 나서 옮기는 작은 행동 하나하나 모두 나의 꿈을 이루는 과정이라고 믿는다. 출퇴근길에 읽는 책, 업무를 통해 만난 고객들, 친구와 나눈 대화에서 꿈을 이룰 수 있는 증표를 찾는다.

어렸을 때부터 나는 꿈을 시각화하는 습관을 길렀다. 나는 어렸을 때부터 영어를 유창하게 구사하면서 세계를 무대로 일하고 싶었다. 내가 이루고자 했던 목표의 영향력이 미치는 범위는 내가 사는 동네, 도시, 국가에 국한되지 않기를 간절히 바랐다. 이왕 한 번 사는 거 평범한 것보다는 나다운 특별한 삶을 살기를 택했다.

나의 꿈을 부모님은 누구보다 정확하게 알고 있었다. 매번 이사할 때마다 새로운 방에는 지구본과 세계지도가 걸려 있었다. 그리고 '외교관'이 되고자 꿈꿨던 학창시절에는 부모님은 외교통상부에 견학 갔다 온 사진을 인화하여 방 벽에 붙여주셨다. 관련된 기사를 스크랩해서 거울 옆에 붙여두거나, 좋은 글귀가 있으면 방 화장대 밑 유리 안에 넣어두고 계속 꿈을 꿀 수 있는 방으로 만들어 주셨다.

어른이 된 나는 정확히 같은 방식으로 내 목표를 그려내고 있었다. 이루고 싶은 목표를 눈과 뇌에 새길 때마다 나의 행동과 생각들이 목표에 맞춰 잠재의식을 튜닝 했다. 매년 이루고 싶은 목표 리스트를 적고 나서 그해 연말에 다시 확인한다. 10가지 정도의 목표가 있다면 5가지 이상 이룬 해면 정말 대단한 해이다. 대체로 큰 목표 한 두 가지를 이루는 정도 였다.

그런데 그 한두 가지 목표는 내 삶을 정말 획기적으로 바꾸는 목표들이었다. 원하는 대학에 입학하기, 새로운 언어를 마스터하여 원서로 자유자재로 구사하기, 원하는 곳에 입사하기 등 큰 획을 긋는 목표들을 이뤄내니 '이왕 원할 거면 더 크게 원해보자'라는 생각이 들었다. 그리고 나머지 이루지 못했던 목표들은 무심코 2년 뒤, 5년 뒤 확인했을 때 이미 이뤄지고 너무나 자연스러운 나의 삶의 일부가 되었던 경험이 있다.

내가 원하는 미래를 그리는 것은 목표를 이룰 수 있는 생각과 행동을 끊임없이 이뤄나가는 원동력을 찾는 과정이다. 어떻게 지속하는 힘을 기를 수 있는지 주변 친구들이나 동생들에게 수차례 질문을 받곤 했다. 목표를 계획하고 나서 실천하기 힘들다는 걸 깨닫고 물어본 것이었다. 주변의 사람들과 이야기 하면서 목표를 세우고 난 뒤 어떻게 생각한 것만큼 실천으로 옮길 수 있는지 나만의 노하우를 전수하고자 한다.

생체 리듬에 따라 의욕이 넘치는 날도 있고 아무런 의욕이 없는 날도 있다. 의욕이 넘치는 날에는 무기력한 날 보다 확실히 추진력이 강하다. 누가 말려도 본인이 계획한 일들은 꼭 해내고 마는 의지를 자체적으로 생산한다. 당연히 의욕이 없는 날이 더 힘들게 다가올 것이다. 그동안 열심히 해오던 것들이 갑자기 의미가 없어 보이고 하나도 진전이 없었다고 생각하는 날이 온다. 그럴 때면, 꿈을 이루는 과정에 사계절이 있다고 생각해라.

동물이 겨울잠에서 깨어나고, 식물들이 조금씩 생명의 봉우리를 트는 봄이 있다면 나의 꿈에도 봄 같은 날들이 있다. 조그만 행동으로 옮겨도 바로 좋은 결과가 나오거나, 굳이 결과가 바로 눈앞에 보이지 않아도 꿈을 이루고 있다는 확신에 찬 상태가 봄일 것이다.

그런 행동들이 무르익는 여름을 거친다. 그러다 차츰 열정이 식기도 하고 슬럼프가 오기도 한다. 가을로 접어들어 겨울로 들어가는 상태이다. 꿈이 겨울의 빙하기에 접어들면 그동안 했던 행동들이 의미 없어 보이기도 하고 의욕이 제로가 되기도 한다. 좋았던 날들은 너무 짧았는데 힘든 날들은 너무 길게만 보이기도 한다.

이런 꿈의 패턴을 자연스럽게 사계절의 패턴으로 이해하면 나의 삶을 좀 더 객관적으로 바라보게 된다. '나는 지금 꿈의 개화기를 거쳐 가고 있구나.' '지금 나의 꿈은 빙하기에 접어들었구나' 하고 말이다. 꿈을 이뤄가는 데 있어서 서두르지 않고 차분히 나를 믿어주는 시간이 필요하다.

계절마다 온도에 맞춰 내 꿈도 무르익고 있기 때문이다. 단계마다 필요한 만큼 성장을 거치고 있을 것이다. 그러니 내가 할 수 있는 건 매번 목표를 새로 각인시키고 그 목표에 다가가는 행동을 하는 것뿐이다. 그러니 나의 미래를 그리고 있다면, 가장 최고의 모습을 그려라. 그리고 원하는 만큼 그 생각 가까이에 닿아있다는 것을 깨달을 날이 꼭 온다.

# 4

# **일단**
# 일어서기만 하면
# 삶은 **다시 시작된다**

METRO
SAMARITAINE
SAMARITAINE
Enjoy a Sightseeing Tour of

001

# 나는 **길을 만들어서** 간다

파리에서 대학원을 졸업하고 막 취업전선에 뛰어들기 시작할 때 매우 막막했다. 한국 친구들은 회사에 입사 지원을 해놓고 오랫동안 반응이 없는 침묵의 시간을 버티지 못하고 한 둘 떠났다. 프랑스가 좋아서 평생 살고 싶다던 외국 친구들도 고향으로 줄줄이 다 돌아갔고 나만 홀로 덩그러니 남겨졌다. 그렇게 아름다운 파리도 함께 힘든 시절을 버텨온 소중한 친구들이 떠나니 전만큼 아름다워 보이지 않았다. 무슨 부귀영화를 누리자고 파리에 혼자 남게 된 걸까.

앞으로 혼자 생계는 책임질 수 있을까 두려웠지만 두려움이 나를 멈춰 세우지는 못했다. 졸업장만 달랑 들고 한국으로 돌아가든, 프랑스에 남든 어떻게든 막막한 앞길을 걸어 나가야만 했다. 당시 대학원을 졸업한 유학생들에게 국가에서 1년의 임시 노동 허가증을 발급해주곤 했다. '임시 체류 허가증 APS : Autorisation Provisoire de Séjour' 비자를 받는 것부터 우여곡절이 많았다. 주변에 미리 받아본 사람이 많이 없어서 정보를 찾기조차 쉽지 않았다. 심지어 이 제도가 존재하는지 모르고 돌아가는 유학생들도 부지기수였다. 외국인을 고용해 본 경험이 없는 일부 프랑스 회사들은 이 체류증이 정확히 어떤 기능을 하는지 정보를 찾느라 헤매기도 했다. 프랑스 국적을 가진 사람이거나 유럽 국가의 비자를 가진 사람들은 전혀 겪지 않을 법한 고충이었다.

임시 체류 허가증이란 2006년도 3월 이후로 외국인 석사 졸업생들에게 적용된 새로운 체류증이다. 프랑스에서 석사 2년 과정을 마친 유학생들에게 1년 동안 합법적으로 체류하면서 일을 찾을 기회를 주는 체류증이다. 1년 이내에 프랑스 내의 회사에서 계약직이나 정규직 형태의 고용계약이 성사되면 계약 기간만큼 체류증을 연장할 수 있다. 만약 계약직이라면 계약 기간만큼 체류가 연장된다. 정규직이라고 하더라도 무기한으로 비자가 나오지는 않지만, 직장인들에게 제공하는 다년 체류증이 발급 가능해지면서 한 번에 4년 체류 가능한 비자가 발급된다. 다른 프랑스인과 같은 조건이라도 체류증이 없으면 다른 사람들에 비교해서 불리할 수밖에 없다. 그러니 유학 초기에 제도를 잘 알고 졸업할 시점에 필요한 체류증을 발급받는 게 좋다.

체류증을 발급받고 나서도 회사를 상대로 설득할 수 있어야 한다. '프랑스인'이 아닌 '한국인'을 뽑아야 하는 강한 이유를 만들어야 한다. 그래서 본인의 강점을 스스로 가장 잘 파악해야 한다. 다행인 점은 프랑스 내에서도 한국에 관한 관심이 점점 커지고 있다는 것이다. 많은 한국 기업들이 경제적 교류를 증대시키기 위해 프랑스에 법인, 지사 형태로 들어오기도 하고 반대로 한국의 진보한 기술을 배우고자 하는 열망도 크다. 창업을 장려하기 위해 인큐베이터 사업을 프랑스와 한국이 합작하여 진행하는 경우도 있다. 문화적으로는 한국 유명 가수들에게 열광하는 프랑스인들을 보면서 잠시 스쳐 가는 유행일 거라 여겼던 적이 있다. 그러나 자랑스럽게도 그 열기가 한국문화와 언어에 관한 관심으로 발전되었다. 정규 교육과정에서 한국어를 선택하는 학생 수가 매년 증가하고 있고, 그만큼 한국과 관련된 사업 분야에 관한 관심도 커지고 있다.

프랑스에 있는 한국인이라 불리할 수 있지만, 관점을 바꾸면 프랑스에 있는 소수의 한국인이기에 더 유리한 점이 많다. 프랑스인들은 한국인들의 근면 성실한 점과 일 처리의 신속함을 높이 평가한다. 동시에 프랑스 문화를 이해하고, 언어를 구사하는 건 강점으로 작용했다. 무엇보다 프랑스어와 영어를 구사할 수 있으면 정말 좋은 프로필이다. 물론 분야마다 다를 수 있다. 여전히 문화, 예술 분야는 프랑스어만 구사할 수 있어도 훌륭하다. 그리고 아직 생소한 한국문화와 프랑스 문화를 융화하여 새로운 창작을 할 수 있다면 프랑스도 신선하게 받아들인다.

경제활동을 처음 시작하면서 나의 목표는 오직 한가지였다. 회사가 성장하는 만큼 내가 같이 성장할 수 있는 환경에서 일하자. 시시각각 변화하는 환경에 민첩하게 대처하는 조직에서 회사를 운영하는 법을 배우자. 당대 나의 목표는 내가 있는 곳을 구글처럼 만들겠다는 포부로 일을 시작했다. 하루 7시간 이상을 보내는 일터에서 구글만큼 일을 효율적으로 하면서, 창의적이고 무엇보다 행복하게 일하길 바랐기 때문이다. 처음 취직을 하고 나서 나의 포부를 너무 당당히 이야기했다가 웃음거리가 되곤 했다. 사회생활이 부족해서 순수하다고 하거나, 구글에 입사하는 편이 더 빠르겠다고 이야기하는 동료들도 있었다.

하지만 나의 목표는 변함이 없었다. 가족들보다 더 오래 마주치는 동료들과 조화롭게 소통할 수 있으면서, 회사가 지속적으로 성장할 수 있는 환경은 어떤 것일까를 매일 고민했다. 누구도 시키지 않았지만, 부서 간의 소통방식을 효율적으로 변화시키는 방법을 모색했고 비효율적인 일 처리 방식은 더 나은 방법으로 제안해보기도 했다. 사회 경험이 1년도 안 된 사회 초년생 이야기가 먹힐 리 만무했다. 혹은 너무 이상적인 이야기만 한다고 꾸지람을 듣기도 했다. 이미 굳건하게 회사의 시스템과 문화가 정착된 곳이라면 변화가 더 힘들다.

처음 일을 시작한 곳에서 3년의 경력을 쌓은 뒤 과감하게 결정했다. '더 작은 조직으로 들어가자. 내가 스스로 회사의 문화를 만들어 나갈 수 있는 곳으로 가자.' 그렇게 또 무모한 도전을 시작했다. 일이 많더라도 작은 조직으로 가서 내 역량을 최대한으로 키워보고 싶었다. 작은 조직에서 일할수록 업무량과 책임감이 무한대로 늘어난다는 걸 이미 아는 인생 선배들은 나의 선택을 응원하면서도 우려 섞인 목소리로 걱정했다. 부모님과 주변 친구들을 안심시키는 것도 나의 몫이었다. 그리고 온전히 나의 선택에 대한 책임은 내가 지어야 했다.

프랑스에 갓 법인으로 설립되어 들어온 회사에서 일할 기회가 생겼다. 원래 경력을 쌓아온 회계 분야를 맡으면서 전혀 생각지도 못한 분야의 업무를 맡아서 했다. 고객들을 만나 제품을 판매하고, 납기일을 논의하고 문제가 생기면 달려가서 일을 처리해야 했다. 동시에 회사에 필요한 법률 및 세무 컨설팅을 위해 변호사 및 회계사와 긴밀하게 일을 진행했다. 조직이 커지면서 사람을 고용해야 할 때도, 채용공고부터 면접 그리고 계약서 체결 등 인사 관련 업무도 빠지지 않았다. 그리고 회사의 전체적인 살림도 도맡았다. 지금까지 경험했던 일보다 처음 하는 일이 압도적으로 더 많았다. 업무량이 늘수록 실수를 하기도 했고, 내가 컨트롤 할 수 없는 일들이 생겨 좌절하기도 했다. 해결할 수 없는 일 때문에 며칠 밤잠을 설치기도 했다.

나에게는 회사가 살아있는 경영수업의 장소였다. 희로애락이 다 있었지만 기뻤던 순간보다 숙제처럼 해결해야 하는 일이 많았다. 스스로 한 선택이라 포기할 수도 없었고 다시 무를 수도 없는 일이었다. 그럴 때마다 처음으로 돌아갔다. 처음부터 지금까지 걸어온 길을 다 시한 번 돌아본다. 생각보다 더 먼 길을 걸어왔고, 그 길마다 나의 흔적을 남겼다는 것을 깨달았다. 오히려 일이 잘 풀렸을 때보다, 생각지 못한 변수를 만나서 상사와 여러 동료와 머리를 맞닿아야 했을 때 조직은 훨씬 더 단단해졌다. 내가 만든 외부와 내부의 모든 길 위의 흔적에는 사람다움과 향기가 남기를 바랐다.

고객에게 항의를 받는다면 다시 신뢰를 회복할 수 있도록 두 세배로 더 노력해야 한다. 조직 내에서는 경쟁이 아닌 협력이 더 필요하다. 작디작은 조직 안에서 나의 동료를 이기려고 경쟁하는 것만큼 에너지 낭비는 없다. 세상은 넓고 광활한데 왜 지구에 점밖에 안 되는 곳에서 우리는 경쟁하려고 하는 걸까. 오히려 동료가 더 잘할 수 있도록 도와주고 밀어주는 환경이 형성되면 더 행복할 수 있다. 앞으로 5년 후, 10년 후 내가 어디 있을지는 전혀 알 수 없다. 하지만 나는 내가 있는 곳은 세상에서 가장 일하고 싶은 곳으로 만들고 싶다.

002

# 자유는 **시행착오가** 필요하다

아이들은 성장하면서 혼자 두 발로 직립보행을 하는 순간, 말을 하는 순간, 혼자 옷을 입고 먹을 수 있게 되는 순간에 조금씩 자유를 맛본다. 어렸을 때 누렸던 이 모든 자유가 너무나 익숙해질 때쯤 우리는 자유를 구속하고 있는 것들에 대해 생각을 한다.

아이들은 학교 수업 외에 끊임없이 이어지는 사교육 때문에 자유를 속박 당한다. 직장인들은 약속된 근무시간 이외에 추가 근무와 회식들로 저녁시간에 대한 자유를 빼앗겨 버린다. 갓 부모가 된 부부는 육아와 경제적인 문제로 자유가 속박됨을 느낀다.

어렸을 때 얻을 수 있는 자유는 과정이 그렇게 어려워 보이지 않았는데 어른이 되고 보니 어른들이 바라는 자유라는 것은 참 쉽게 얻을 수 없다는 걸 깨닫는다. 일하면서 노동에 대해 대가를 받아 제한된 경제적 자유를 누린다. 노동 외 시간만 얻을 수 있는 시간적인 자유는 개인마다 격차가 매우 크다.

직장생활 4년 차에 접어든 나는 시간과 경제적으로 자유로울 방법은 무엇인지 고민하기 시작했다. 우선 주어진 경제적 자유와 시간적 자유를 잘 활용하고 있는지부터 판단해 보기로 했다.

첫째, 경제적으로 자유롭기 위해서는 지출이 수입을 넘어서면 안 된다. 당연한 말 같아 보이지만 사회 초년생일 때 나의 지출과 수입은 거의 똑같거나 넘어설 때도 있었다. 경제적으로 자유롭다는 느낌을 유지하기 위해 무분별한 지출을 하다 오히려 자유를 속박하고 있는 건 나 자신이라는 것을 깨달았다. 그 후로는 지출을 제한하고 순 수입을 늘리기 위해서 부단히도 노력했다.

둘째, 시간적 자유는 어땠을까. 퇴근 후 저녁시간, 주말이 자유시간 임에는 틀림없었다. 퇴근 후에는 회사의 메일에 접속할 일도 상사의 전화를 받을 일도 없었다. 한국에서 사는 또래 친구들과 비교하면 훨씬 자유시간이 많은 편이었다. 나는 그 시간을 어떻게 활용하고 있었을까 돌아보았다. 피곤하다는 이유로 저녁시간과 주말을 온전히 휴식하는 데 쓰고 있었다. 사실 진정으로 몸이 재충전 되는 휴식시간보다는 생각 없이 TV를 보거나, 술을 마시거나, 음식을 먹는 시간이 압도적으로 많았다.

나에게 주어진 제한된 자유도 제대로 활용하고 있지 못한 것이 분명했다. 그런 내가 더 큰 자유가 생긴다면 '더 잘 활용할 수 있을까'라는 의문이 들었다. 대체로 일하는 사람들은 프리랜서를 부러워한다. 자유로운 시간 활용과 경제적인 활동들을 부러워하는 것이다. 하지만 주어진 자유를 제대로 누릴 수 없는 사람이라면 차라리 제한된 자유만 누리는 편이 더 안전할지도 모른다.

개인적으로 팀 페리스라는 작가를 참 좋아한다. 정말 불가능할 것 같은 삶을 살아내면서 많은 사람들에게 그의 저서로 더 큰 자유를 꿈꾸라고 도전 정신을 불어 넣는다. 최근 한국에 번역된 그의 저서《지금 하지 않으면 언제 하겠는가》책에 보면 이런 구절이 있다.

"탁월한 프리랜서는 여유 있는 사람이 아니다. 오히려 시간을 철저하게 쓰는 사람이다. 자유시간에 무엇을 할지 치밀하게 계획해놓지 않으면, 결국 나인 투 파이브 (9 to 5)의 세계로 돌아가게 될 것이다"

내가 꿈꾸는 미래 모습에 나의 '디지털 노마드'의 삶이 그려진다. 나는 전 세계를 돌아다니면서 자연의 아름다움을 영상이나 글로 전달하는 사람들이 삶을 보며 가슴이 뛴다. 그래서 지금으로부터 10년 뒤 나는 은퇴를 선언할 예정이다.

지금의 시간적 경제적으로 제한된 자유에 은퇴 선언을 함과 동시에 완벽한 자유로 뛰어들 것이다. 더 큰 자유를 얻기 전에 나는 실험을 해보기로 했다. 궁극적으로 더 큰 자유를 얻고자 했기 때문에 그 자유를 누릴 수 있는 사람인지 나를 시험 해보는 시간이기도 했다.

이 실험은 책을 집필하는 동안 이뤄졌다. 회사에 출근하지 않는 공휴일, 휴가, 주말 기간을 활용하여 시간을 활용하는 법을 계속 키워나갔다. 팀 페리스의 말대로 자유시간이 많다고 해서 절대적으로 시간을 잘 활용한다는 것은 착각에 불과했다. 오히려 늘어난 자유만큼 책임이 더 커졌다.

규칙적으로 생활하지 않는다면 오히려 목표를 정해둔 것이 진행되지 않을 때가 많았다. 책을 쓰기 위해서 규칙적으로 글을 써야 했고, 건강한 몸과 마음가짐을 유지해야 했다. 글을 쓰려면 글감과 아이디어가 번뜩 떠올라야 하는데 몸이 피곤하거나 부정적인 생각으로 가득차 있다면 글이 써지지 않았다.

항상 머릿속을 깨끗하게 비워두고 긍정적인 마음을 유지할 때 '유레카'하고 번뜩이는 아이디어나 생각이 떠올랐다. 그러려면 규칙적인 시간에 잠자리에 들고 깨야 했다. 충분한 휴식을 취하는 동안 머릿속에서는 새로운 아이디어를 생산하고 있었다. 아침에 깨자마자 아이디어가 떠올라 바로 생각을 적기 위해 머리맡에 노트와 펜을 항상 챙겨두고 잠자리에 들었다.

아침은 명상과 스트레칭으로 시작했다. 숨을 고르고 호흡을 일정하게 만들어 가장 최상의 컨디션을 유지하는 데 집중했다. 시간에 대한 논의도 많지만 내가 아침 명상과 스트레칭으로 할애하는 시간은 거의 10분을 넘지 않았다. 그렇게 아침 나만의 아침 의식이 끝나면 바로 일기를 썼다. 비몽사몽 한 상태에서 감사일기를 썼다. 감각을 깨우기 위해 직접 손으로 감사일기를 썼다. 감사한 것을 생각하여 글로 옮기는 동안 정신이 맑아지는 것을 느낄 수 있었다.

그렇게 잠에서 깨어나면 아침 독서를 하거나 유튜브 강연을 듣는다. 그날 기분과 감정에 따라 동기부여가 되는 강연을 듣기도 하고, 위로가 되는 강연을 듣기도 한다. 필요에 따라 한글, 영어, 프랑스어 강연을 돌아가면서 듣는다. 강연을 틀어놓고 아침 출근 준비를 하며 무의식중에 내가 필요한 정보를 흡수했다.

나는 디지털 노마드가 된 나의 모습을 상상하며 주어진 자유시간을 활용하는 법을 익혔다. 목표가 없었을 때는 습관으로 굳히기 어려운 것들이었다. 아침형 인간에 대한 글을 읽으며 마음은 굴뚝같지만, 실천으로 옮기지 못하는 나를 원망하던 시간도 있었다.

그런데 내가 전 세계를 돌아다니며 아름다운 자연과 다양한 문화를 전달할 수 있는 작가가 되고 싶다는 목표가 생기자 한결 쉬워졌다. 완벽한 자유를 얼떨결에 얻기 전에 차츰 몸에 익히고 습관으로 굳혀 나가고 있다.

혹시나 지금보다 더 자유로운 삶을 꿈꾸는 사람이라면 현재의 모습을 꼭 되돌아볼 기회를 갖길 바란다. 말로만 더 큰 범위의 자유를 누린다고 이야기하기 전에, 내가 그 자유를 누릴 수 있는 사람인지 알아보는 시간이 있어야 한다. 이런 준비 없이 큰 자유를 덜컥 맛보게 된다면 생각보다 시행착오를 더 길게 겪어야 할 수 있다. 그러니 미리 준비하자.

003

# 변화를 **선택하는 자가** 되는 것

고등교육을 마치고 세상에 나오면 두 팔 벌려 나를 환영하지 않는다. 회사 지원공고가 뜨면 분명 신입생을 뽑는데 사회 경험이 있는지 물어보는 곳이 있다. 그 '첫 경험'을 그 회사와 하려고 하면 왜 경험이 없냐고 오히려 되묻는다. 대학 내내 자격증 준비에, 취직준비에 열을 올렸건만 이유도 알지 못한 채 회사에 거절되는 게 부지기수이다.

프랑스에서도 취업하기가 만만치 않다. 실업률 9%에 육박하는 곳에서 프랑스인들을 포함해 전 세계 사람들과 경쟁해야 한다. 외국인이라면 실무를 완벽히 수행할 수 있을 정도로 수준 있는 프랑스어를 구사하는 건 기본이다. 프랑스 공교육을 받으면 취직에 더 유리하지만 대체로 많은 유학생이 문을 두드리다 지쳐서 돌아가는 경우가 많다. 실업률이 높은 곳이라 자국민을 보호하는 정책 때문에 유학생들의 프랑스 취업 문턱이 낮지 않은 게 사실이다.

그렇다고 다른 곳은 쉬울까. 미국에 정착한 친구들 이야기를 들어보면 정권 교체로 인해 취업은커녕 당장 보유한 영주권으로 오랫동안 미국에 있어도 될지를 고민한다고 한다. 어디나 사는 삶은 비슷한가 보다. 다른 나라에 비교해 조금 더 발전한 점과 덜 발전한 점이 항상 공존한다. 그렇다면 어디에 있던 나만을 위한 가장 최고의 선택을 해야 한다.

그런데 막상 이렇게 힘들게 노력해서 취직하면 대부분의 직장인은 빠르게 컴포트존으로 빠져든다. 실제로 직장인들은 경제활동을 시작하고 경제적, 물리적으로 독립하면서 빠르게 현실에 안주한다. 회사에서 겪는 육체적 정신적 스트레스를 월급과 맞바꾸면서 매달 들어오는 월급에서 안정감을 찾는다.

처음 프랑스에서 일했던 회사는 경제적인 이유로 경영상의 큰 타격을 입던 회사였다. 반 정도의 지분을 매각해야 하는 회사의 생존의 걸린 문제로 몇 개월을 협상하느라 시간을 보냈다. 사람들은 뉴스와 기사를 통해 회사의 소식을 접했다. 다른 동료들은 불안해하면서도 설마 금방 망하지는 않을 거란 희망으로 하루하루를 버텼다. 나는 회사의 경영상태를 찾아 나섰다. 회계업무를 병행하면서 회계사 자격증 공부를 했으니 어렴풋이 재무제표를 이해하던 시기였다.

그동안 놓치고 있던 정보들이 눈에 보이기 시작했다. 본사를 포함한 전 세계 법인, 지사를 합한 연결 재무제표를 읽어보니 부채비율이 압도적으로 높았고, 영업이익이 마이너스일 때도 있었다. 그런 객관적인 공시자료가 버젓이 있었음에도 회사 사정이 어려운지 모르고 몇 년 동안 까막눈처럼 안일하게 회사에 출근했다. 마치 이 회사가 나의 미래를 보장할 수 있다고 크게 착각했다. 이대로 가다간 회사가 망할 수도 있다는 직감이 들었다. 그렇게 나는 이직을 하게 되었고, 여전히 흐름을 읽지 못하고 회사의 방침을 기다리고 있던 동료들은 내가 이직하고 6개월이 지난 시점에 다른 직원들이 해고되는 것을 보며 이제야 이직을 생각 중이라며 전화를 걸어왔다.

그 뒤로부턴 세상의 변화에 둔감한 사람이 되지 않고자 무던히 노력했다. 새로 이직한 회사도 10년 치 재무제표를 보고, 경영구조를 제대로 파악하고 지원을 하게 되었다. 그런 습관이 드니 조금씩 다른 기업들의 변화하는 모습이 보이기 시작한다.

변화가 느린 프랑스라 주의 깊게 들여다봐야 변화를 감지할 수 있다. 법정 최소시급이 9, 88유로로 거의 만 3천 원이 육박한 곳에서 프랑스 기업들도 인건비에 막중한 부담감을 느낀다. 대기업들의 부담도 만만치 않다. 어느 샌가 샤를드골 공항에 가면 티켓팅을 담당하던 직원들이 다 자동 체크인 기계로 대체 되었다. 프랑스 대형 은행들이 인터넷 뱅킹을 시작했다. 기존에 계좌 유지비용이 많이 들던 방식을 과감하게 바꿔 유지비용이 없는 은행을 만들었다. 게다가 계좌를 열면 개시비용으로 적게는 80유로 많게는 150유로까지 지급하는 은행도 있었다. 자동 체크인 기계가 들어오면서 그리고 인터넷 뱅킹으로 옮겨가면서 기존의 직원들을 경제적 사유로 대거 해고했다.

모든 게 느리다고 생각했던 프랑스에서 기계가 사람을 대체하는 속도만큼은 빠르게 느껴진다. 현상 자체만 보면 편한 점이 많다. 기계로 모든 걸 해결하니 언어장벽을 느낄 틈도 없고 빠르고 편하다. 하지만 그 현상 이면에는 사회가 어떤 흐름으로 변하고 있는지 감지해야 한다. 얼마나 많은 분야의 제조업과 서비스업이 이렇게 빠르게 기계로 대체될지 눈 크게 뜨고 공부해야 한다.

'나는 지금 10년 뒤의 변화를 내다볼 수 있는가?'

내가 속한 기업이 앞으로 어떤 변화가 있을지 스스로 찾아내야 한다. 관련 직종과 사업 분야의 책을 읽으면서 그리고 전 세계 석학들의 강연을 찾아 들으면서 나만의 판단을 쌓아나가야 하는 시대이다. 누구도 앞으로 미래가 어떻게 전개될지 힌트는 주지만 결국 확언하지 않는다. 개인의 경험과 지식으로 스스로 판단해야 한다.

우리는 너무나 자연스럽게 누군가에게 고용되어야 한다는 생각을 한다. 고용되어야만 안전하다고 생각하며 고용되지 않는 걸 안타깝게 생각한다. 취업에 실패하는 건 고용되지 않고 나만의 가치를 세상에 펼쳐 보일 기회인데 오히려 절망하고 속상해한다. 요즘의 현상을 가만히 들여다보고 있으면 1인 크리에이터의 영향력이 점점 빠른 속도로 커지고 있다. 누군가는 대도서관의 저서《유튜브의 신》을 읽으며 1년에 연봉이 17억이라는 사실에 당장 창작자가 될까를 고민한다. 하지만 누군가는 미래를 내다보며 다른 플랫폼의 출현과 시장의 변화를 감지하여 변화를 모색한다.

지금까지는 회사에 나의 가치를 설명하는 사람이었다면, 플랫폼 제국 시대에서는 전 세계에 나의 가치를 알릴 기회가 주어진다. 한 단체에 소속되어 줄 수 있는 영향력보다, 대한민국 전체에 혹은 각국에 영향을 줄 수 있는 나만의 지식과 메시지가 있다면 무대를 좀 더 큰 곳으로 바꿔야 한다. 세상의 흐름에 대응하지 않고 안주하는 직업이라면 가장 위협적이다.

세싱의 흐름에 민감한 사람이 되자. 세상은 생삭하는 것보다 훨씬 더 빠르게 변화한다. 각종 매체에서 4차 산업혁명을 논의할 때, '나에게 영향을 얼마나 미치겠어?' 라고 생각하다간 정말 로봇에게 일자리를 다 빼앗기고 나서야 '내가 너무 어리석었네'라고 한탄할지도 모른다. 피부로 느끼지 못하다고 해서 세상이 멈춰있는 것이 아니다. 보이지 않을 뿐이다. 아니 어쩌면 우리는 보지 않으려고 할 수 있다. 여유시간에 TV를 보고, 새벽까지 술을 마시는데 어찌 그 변화의 속도를 감지할 틈이 있을까.

부지런히 정보를 찾아 나서고 사회의 변화와 맞게 나의 기어를 맞춰 나가야 한다. 자신을 사랑하는 사람은 결국 항상 이런 변화에 민감하게 반응하고 깨어있을 수밖에 없다. 자신에게 가장 최선과 최고의 상황을 만들어 주고 싶기 때문이다. 그러니 세상에 있는 정보와 흐름을 읽을 수 있는 눈을 키우자. 10년 뒤, 20년 뒤 그리고 평생 나의 삶을 탄탄하게 뒷받침 해줄 수 있는 건 시대 흐름이 반영된 나만의 탁월한 사유이지 않을까.

005

## 무기력하게 **청춘을** 낭비하지 마라

가끔 주변에서 묻곤 한다. “너는 원래 이렇게 활발했어?” 갑자기 받은 질문이라 원래부터 그랬던 것 같다고 얼버무리고 다시 한 번 곰곰이 생각했다. 20대부터 많은 곳을 누비고 다녔고 여러 활동을 했다. 관심사도 여러 개이다 보니 SNS를 통해서 보는 사람들은 거의 나를 에너자이저처럼 생각하기도 한다. 재미있고 신기한 경험들을 공유하게 되는 SNS상에서는 한없이 활력이 넘치는 사람으로 보일 법도 했다. 하지만 누구나 겪는 것처럼 인생의 희로애락과 사계절이 없는 삶이 어디 있으랴. 힘들 때면 잠시 외적인 활동을 차단하고 내면으로 더 깊이 빠졌었다.

프랑스에서 대학원 1년을 공부하고 난 후 이미 몸이 말이 아니었다. 공부하는 1년 동안 불규칙한 생활과 스트레스로 인해 몸의

면역력이 완전히 무너졌다. 이미 몸은 약해질 대로 약해진 상태에서 헝가리 여행을 다녀온 게 화근이었다. 당시 친했던 중국인 친구와 부다페스트로 겨울 여행을 떠나기로 했다. 1월의 영하 10도씩 내려가는 그 추위를 젊음으로 버틸 수 있을 거로 생각하고 당차게 여행을 떠났다. 야외 온천으로 유명했던 세체니 온천에서 그야말로 환상적인 시간을 보냈다. 바깥 공기는 차고 온천 안의 물은 따듯하니 이 세상 부러울 게 따로 없었다. 온천을 끝내고 바깥으로 나오니 몸이 가렵기 시작했다. 호전될 거로 생각했지만 전혀 나을 기미가 보이지 않았다. 프랑스로 돌아와 전문의와 진료 예약을 하려고 보니 한 달 가까이 기다려야 했다.

백방으로 약을 찾아다녔다. 하지만 맞는 약을 먹지 못해서 그동안 상황은 더 악화하였다. 얼굴부터 가려웠던 부분이 점차 온몸으로 확대되기 시작했다. 목과, 팔다리로 번지기 시작했다. 한국이었다면 바로 당장이라도 피부과를 들러 진찰을 받을 텐데 그렇게 속만 타들어 갔다. 호전되는 것 없이 한 달이라는 시간이 금방 흘렀고, 피부과 전문의를 보고 와서 온갖 피부 테스트를 다 하였지만, 딱히 원인을 찾아내지 못했다. 그 사이 온몸엔 불긋불긋한 흔적들이 점점 더 깊어지기 시작했다.

마침 부룬디로 인턴을 떠나야 하는 상황이었다. 파리의 생활을 잠시 정리하고 아프리카로 들어가기 전에 부모님을 뵈러 한국으로 들어갔다. 고국으로 돌아가면 확실히 호전되겠지 하는 희망으로 한국행 비행기에 몸을 실었다. 한국에 도착해서 첫 샤워를 마치고 나오는 순간 직감했다. 너무 건조해서 간지러운 나머지 나도 모르게 온몸을 긁다 정신을 차리고 보면 피가 흘러나오곤 했다. 점점 온몸이 검게 변하기 시작했고 진물이 나기 시작했다.

바로 병원으로 직행했다. 피부과 선생님은 보자마자 성인 아토피라는 진단을 내렸다. 심하진 않았지만, 고등학생 때까지 아토피가 있었다. 대학교에 입학하면서 말끔히 사라진 줄 알았던 아토피가 다시 꽈리를 튼 것이다. 면역력이 낮아진 데다 온갖 불규칙한 생활로 몸이 결국엔 지탱을 못 하는 상태까지 간 것이다. 오랜만에 간 한국인데도 친구들을 볼 용기가 나지 않았다. 어디론가 숨고만 싶었고 여자로서의 인생은 끝난 것만 같았다. 매일 밤 간지러워서 잠이 들지 못할 때면 차라리 죽는 게 낫겠다 싶었다.

나는 양약을 거부했다. 오랜 시간 동안 스테로이드제를 복용하면서 몸에서 결국 독소가 쌓인 것 같아서 절대 양약은 복용하고 싶지 않았다. 강원도 산골 중턱에 있는 외삼촌 할아버지 펜션으로 거처를 옮겼다. 희망이 없는 상태에서 마지막으로 내린 결론이었다. 매일 낮에는 동해바닷가의 바닷물에 몸을 풍덩 담그고 햇빛을 쐬면서 천연 소금과 햇빛으로 자연치유를 했다. 외삼촌 할아버지는 산에서 캔 좋은 약재와 바다의 한약재라 불리는 해산물을 매일 같이 준비해 주셨다. 맑은 공기와 스트레스 없는 자연 속에서 나는 아주 조금씩 치유되고 있었다.

아프리카로 떠나기 위해 다시 집으로 올라왔다. 마지막 며칠 밤은 가족들과 보내기 위해서였다. 집으로 돌아오자마자 몸이 다시 간지러웠다. 그리고 악화되는 속도가 더 빨라졌다. 겨우 호전되고 있었는데 며칠 만에 다시 급격히 나빠진 것이다. 아프리카에서 필요할 만한 옷가지와 용품들을 챙기면서 엄마와 한없이 울었다. 엄마는 어렸을 때 내게 복용한 약들 때문에 내가 아픈 것 같아서 미안해했고, 나는 그런 엄마를 보면서 너무 서글펐다.

'엄마 잘못이 아니야. 내가 내 몸을 돌보지 못한 탓이야.'

그렇게 나는 엄마의 가슴에 돌덩이를 얹혀놓고 부룬디행 비행기를 탔다. 낯선 온도와 그 나라 특유의 냄새, 언어, 환경이 더 외롭게 만들었다. '내가 지금 가장 힘든 환자인데 내가 누굴 돌보러 온 걸까. 과연 내 인생 최대의 임무를 끝내기 전에 나는 완전히 회복될 수 있을까?'라는 생각이 꼬리에 꼬리를 물었다.

누구에게 도움을 줄 수 있는 상태가 아니었지만 나는 내 앞에 놓인 일을 해내야 했다. 나는 매일같이 쏟아지는 난민 고아들에게 가장 필요한 조처를 내려주는 사람이었다. 아이들은 부모님들이 총이나 칼에 맞아 죽는 장면을 목격하기도 했고, 무자비한 성폭행에 노출되었다. 아이들이야말로 육체적으로 정신적으로 감당해내기 힘든 나날들을 겪고 있었다. 이상하게 아이들은 내 앞에서 오히려 덤덤했다. 오히려 자신이 겪는 경험들에 무감각해 보였다. 주변 사람들이 겪는 일들이 비슷하다 보니 본래 삶이 그런 거라고 아예 정의를 내려버린 것 같기도 했다.

하루는 에이즈를 겪고 있는 한 소녀가 진물이 흘러내리는 내 팔을 보면서 괜찮느냐고 물어봤다. 가슴이 먹먹해졌다. 약도 없이 온몸으로 에이즈를 저항해온 아이가 나를 걱정한다니. 그런 그 아이 앞에서 너무 부끄러워졌다. 아토피는 불치병도 아니고 노력만 한다면 충분히 나을 방법이 있는데 나는 너무 쉽게 포기했다. 몸에 병이 찾아왔다고 이대로 무너지는 건 비겁했다. 그리고 어떻게든 살아나야만 내가 이 친구들을 끝까지 도울 수 있었다. 1년간 서서히 망가져 온 몸을 회복하는 데는 1년 이상의 시간이 필요할 거라는 각오를 했다.

'그래. 잠깐 스쳐 가는 병에 굴복하지 말자. 살아내자. 더 건강하게 살아내자.'

그 이후로 더 아이들의 목소리에 귀 기울이기 시작했다. 잠깐이라도 스치는 아이들에게 웃음을 주기 위해 스와힐리어를 배우곤 했다. 모든 면담이 끝날 때는 '하쿠나마타타!'라고 인사를 마쳤다. '모든 것이 다 잘 될 거야.' 모든 피난 온 난민들과 나의 삶이 모두 잘 풀릴 것이라고 우리는 서로를 위해 진심으로 인사를 나눴다.

내가 맡은 임무를 완벽히 수행하는 것도, 몸을 회복시키는 것도 온전한 나의 책임이었다. 내가 달라져야만 몸이 달라진다는 것도 알았다. 면역력을 키우기 위해 가장 기본으로 돌아가야 했다. 그리고 공부하는 동안 무너졌던 음식 습관, 수면 습관을 하나씩 고쳐나갔다.

몸이 간지러울 틈도 없이 사람들을 만나느라 하루가 흘렀다. 그렇게 하루를 열과 성을 다해 살고 집에 돌아오면 뿌듯했다. 동시에 너무 힘들어 8시면 곯아떨어졌다. 제대로 페인트칠도 되지 않고 에어컨이라곤 상상도 할 수 없었던 현장에서 한 명이라도 더 면담하기 위해 흘렸던 땀방울을 아직도 기억한다. 집에 돌아와 시원한 샤워를 하는 것도 사치였다. 전기가 중간에 끊겨서 암흑 속에서 샤워하기도 하고, 물이 뚝 끊겨 준비해둔 페트병 물로 고양이 세수하듯 짧은 샤워만 하는 날도 수도 없이 많았다. 저녁은 항상 신선한 음식으로만 먹었다. 가공식품을 먹고 싶어도 프랑스 물가의 거의 3배에 이르거나 밤늦게 구하기 힘들어서 어쩔 수 없는 선택이기도 했다. 그래서 가장 쉽게 구할 수 있는 음식 재료들은 자연 그대로의 상태에서 섭취했다. 그렇게 저녁을 간단히 먹고 나면 온몸이 나른해져서 책을 읽다 잠자리에 들었다. 일교차가 심한 부룬디에서 아침저녁으로 시원한 바람이 불어와 최적의 환경에서 잠을 청할 수 있었다.

부룬디에서 지낸 6개월 동안 천천히 느리게 면역력을 되찾았다. 건강까지도 내가 온전히 책임지고 회복한다고 마음먹자 조금씩 호전되는 게 보였다. 지친 심신을 회복하는 건 결국 기본으로 돌아가는 게 가장 중요하다. 다시 원래의 생체 리듬을 찾는 것부터 시작된다. 그리고 어떻게든 내 삶은 내가 책임지겠다고 의지를 갖는 순간 놀랍게도 삶은 다시 시작된다. 그러니 그냥 하루를 흘려보내지 말아라. 누군가를 탓하기에, 누군가가 원하는 삶을 대신 살아가기에는 너무 아까운 청춘의 하루이다.

005

# 단 하루라도 **프랑스인처럼** 살기

한 달에 한 번 정도 꼭 시간을 내서 만나는 지인이 있다. 연초에 함께 적었던 위시리스트를 잘 달성하고 있는지 확인하는 차원에서, 그리고 앞으로의 시대변화를 알려주는 정보통으로서 만나곤 한다. 프랑스인과 가정을 꾸린 지인은 종종 내게 신기한 프랑스인의 문화를 들려주곤 한다.

프랑스의 평범한 가정의 이야기를 들으면 정말 내가 들은 이야기가 사실이 맞나 할 정도로 신기할 때가 많다. 브런치를 먹는 동안 우아하게 티를 내려 마시며 프랑스 집안 내의 풍경을 이야기를 들려주었다. 그날의 주제는 '프랑스인들의 우아함 끝은 어디인가'였다. 길을 걷다가 연세가 일흔이 훌쩍 넘는 어르신들을 보더라도 그 매혹적인 옷차림새에 매혹되는 적이 한두 번이 아녔다. 명품을 머리부터 발끝까지 걸친 것도 아닌데 어디서 이렇게 멋있음이 줄줄 새어 나오는 걸까. 저 사람 자체가 명품 같다는 생각이 들게 한 사람이 꽤 많았다.

혹시나 하여 프랑스인들이 집안에서는 어떻게 지내는지 물어보았다. 분명 가정마다 차이가 있겠지만 지인분이 경험한 가정에서, 프랑스인들은 집 안에 있더라도 언제든 외출해도 손색없을 만큼 단정한 옷을 갖춰 입는다고 한다. 잠옷은 잠자기 전에 바로 갈아입고 침대 위에서만 입고, 아침 식사 때까지만 잠옷을 입는 게 허용이 돼도 그 이후로는 평상복으로 갈아입는다고 했다. 어른뿐만 아니라 아이들도 비슷하게 교육을 한다고 한다. 어려서부터 실내에서도 기품을 갖춰 입는 의복습관을 습득하는 것이다.

누누이 프랑스 동료들을 통해서 잠옷은 위아래로 꼭 갖추어 입어야 하고 절대 늘어진 티셔츠 입는 건 상상도 못 한다고 귀에 박히게 들었던 터였다. 동료들에게 어렸을 때 내복을 입은 기억을 빼곤, 나는 늘 늘어진 티셔츠를 입고 위아래 다른 잠옷을 입었다고 이야기하면 까무러치게 놀라곤 했다. 프랑스인들의 말에 따르면 밖에서 입는 옷과 안에서 입는 옷 그리고 잠옷도 나의 모습을 가장 우아하고 아름답게 표현할 수 있는 옷으로 골라줘야 한다나 뭐라나.

회사에서 돌아와 집에 돌아오자마자 바로 침대로 들어갈 태세를 갖추는 나의 복장과는 너무 거리가 먼 이야기로 들렸다. 심지어 잠자기 전까지 청바지를 입을지언정 절대 잠옷은 입지 않는다고 했다. 그에 맞춰서 액세서리도 꼭 갖추고 침실로 들어서기 바로 전에 장신구들은 빼고 들어간다니. 프랑스인들의 삶은 피곤할 것 같으면서도 경이롭기까지 하다.

잠드는 순간까지 나에게 멋있고 우아한 옷을 입고자 하는 그 마음가짐은 어디에서 나오는 걸까? 나를 꾸밈없이 보여줘도 되는 가족들 앞에서도 자신의 흐트러진 모습을 보여주기 싫은 그 마음의 핵심이 궁금해졌다. 타인에게 보이지 않는 그 순간까지도 가장 멋있고 우아한 모습을 원하는 건 프랑스인들이 '자신의 삶을 진정으로 사랑하는 모습에서 나온 것이 아닐까?'라는 생각이 들었다.

내가 만난 많은 프랑스인에게 타인의 시선은 그렇게 중요하지 않았다. 행복은 '나'로 시작하여 '가정과 집'으로 뻗쳐나가고 그다음은 '외부세계'로 통한다. 행복하지 않은 내가 없다면, 행복한 가정도 없고 행복한 사회생활도 없다. 반대로 내가 행복하면 가정이 행복하고 사회생활도 만족스럽다. 행복의 근원지가 나의 마음이다. 그래서 계속 행복의 근원에 자양분을 마련해준다.

가장 기본적인 행복의 자양분을 '의,식,주'에서 키워나간다.

첫째, 프랑스인들은 지금 당장 나를 위해 가장 좋은 옷을 골라입고, 가장 나를 빛나게 해줄 보석을 착용하는 것 행복을 느낀다. 꼭 비싸거나 유명 브랜드를 고집하지 않는다. 자신에게 꼭 맞는 스타일이라면 저렴하게 물건을 사더라고 개의치 않는다. 나의 지인은 한참 프랑스인의 멋을 토론 하던 날 프랑스의 의복 예절을 'TPO의 완벽한 조화'라고 정의 내렸다. 시간time, 장소place, 상황occasion에 따라 적절한 옷을 갖춰 입는 것이 프랑스인들에게는 더나 할 나위 없는 행복이다.

둘째, 먹는 것 또한 확실한 행복을 주는 큰 요소 중 하나이다. 집에서 차를 한 잔 마시더라도 아름다운 머그잔과 그날 기분에 가장 맞는 향기 좋은 찻잎을 골라서 우아하게 갖추고 마시는 것처럼 보이지 않는 곳에서 자신의 행복을 위해 끊임없이 탐구하고 또 탐구한다. 어디 그뿐 만일까. 한 끼의 식사를 소량만 하더라도 플레이팅을 보기도 좋고 먹기도 좋게 갖춰놓고 식사를 한다.

셋째, 나의 공간을 가장 아름답게 꾸민다. 오랜 시간을 보내는 공간인 만큼 가장 편안하고 아름답게 꾸미고 싶어 한다. 본인을 잘 가꿔주는 옷차림처럼 공간도 그렇게 아름답고 우아하게 갖춘다. 흔히 프랑스의 집을 겉에서 보면 한국처럼 집 안의 구조가 비슷할 거로 생각한다. 그런데 정말 획일적으로 지은 집 구조가 없을 정도로 모양이 제각기 다르다. 구조도 천차만별이지만 집안의 스타일은 더 확실히 구분된다. 자신만의 우주를 옮겨놓은 듯 아티스트의 집 같은 곳도 있고, 호텔같이 우아한 집도 있다.

단 하루를 살아도 프랑스인처럼 살고 싶다. 획일적인 기준에 맞춰 살지 않고 내가 만든 행복의 기준으로 하루를 꽉 채우고 싶다. 소비의 행태를 보면 행복의 기준이 자신에게 있는지 타인에게 있는지 여실히 드러나기도 한다. 자신이 소유한 물건 중에 진정으로 나에게 필요한 소비인지 타인에게 나를 드러내는 소비인지 돌아보면 알 수 있다. 한 물건을 소유함으로써 가져다주는 시샘과 부러움을 얻고자 소비를 한 적이 있다면 나 자신보다는 타인을 위한 소비이다. 반대로 작지만 확실한 행복을 위해 하는 소비라면 정말 나를 위한 소비이다.

타인의 시선에서 벗어나서 내가 인정하는 행복을 키워나가야 한다.

006

# 파리의 **여자는** 아름답다

어느 나라에 있든 여성들은 비슷하게 일, 육아, 살림 등 다양한 역할을 맡으며 살아간다. 여성으로서, 아내로서, 엄마로서, 일하는 커리어 우먼으로서, 이 시대 여성들에게 맡겨진 임무가 많다.

프랑스라고 해서 예외는 아니다. 일과 육아를 병행하는 엄마는 힘들고 지친다. 그런데도 프랑스 여성들의 몸에서 흘러나오는 당당함과 아름다움의 비결은 무엇일까. 중년 여성들의 군살 없는 옆구리 살과 곧은 허리에 과장되지 않은 액세서리의 조화는 왜 이렇게 멋져 보이는 걸까. 여자가 봐도 멋있어 보이는 프랑스 여자를 관찰하고 싶어졌다.

관광객들이 자주 가지 않는 몽마르트 뒷길이 있다. 가파른 계단길이 아니라 잔잔한 언덕으로 이어지는 길이다. 몽마르트 언덕에 길 시작점에 있는 카페에 자리를 잡았다. 봄이라는 말이 무색하게 쌀쌀했다. 봄을 맞을 준비가 한창인 파리의 일상적인 모습이다. 연일 이어지는 비로 온통 회색빛으로 가득한 파리의 나날들이었다. 자리를 잡고 행인들을 관찰하는데 같이 간 일행이 질문했다.

“왜 파리지앵들이 무채색 옷을 많이 입는 것 같아요?”

“글쎄요, 이런 우중충한 날씨에 화려한 색을 입으면 너무 튀니까 본인을 숨기려고 무채색을 입는 것 아닐까요?”

실제로 파리는 해가 쨍쨍 찌는 날보다 흐릿한 날이 더 많다. 그분의 대답은 신선한 충격이었다. 무채색의 옷으로 도배한 사람일수록 기본에 충실하다고 했다. 오히려 모진 날씨에도 당당하게 드러내고 있는 여자들의 자태를 관찰하라고 했다. 그 뒤로 파리지엔들을 유심히 들여다보기 시작했다. 그러자 무채색의 옷을 입고도 존재감이 두드러지는 여성들의 특징이 보였다.

같은 여자가 봐도 아름다운 파리지엔이 눈에 띈다. 나이에 상관없이 본인의 매력적인 부분을 은밀하고 담대하게 드러내는 여성들이 멋있다. 누군가에게 인정받기 위한 차림새가 아니다. 가장 편안한 신발을 신으면서도 맵시를 살리는 데 집중한다.

허리는 꼿꼿이 세우고 걸으며, 다리는 항상 11자를 유지한다. 신발의 끝 창을 보면 한쪽으로만 치우쳐 닳지 않는다. 어깨와 가슴을 당당히 펴고 걷는다. 얼굴엔 약간의 자신감 있는 미소를 띤다. 그리고 자신을 돋보이게 해줄 액세서리를 과하지 않게 걸친다. 무채색 옷 뒤로 본인을 숨기는 것이 아니었다. 오히려 더 당당히 드러내고 있었다.

6년간의 프랑스 삶을 통해, 여성으로서 당당하게 살아가는 데 가장 중요한 건 '나답게 살기'와 '균형'이 답이라고 결론지었다.

프랑스는 획일적인 잣대로 미의 기준을 말하지 않는 나라다. TV에 비친 연예인의 모습과 스타일이 부럽다고 해서 따라 하지 않는다. 유행을 타는 옷을 줄지어 입지도 않는다. 각자만의 개성대로 각양각색을 스타일을 연출한다. 브라운 관 밖에 존재하는 나로 돌아와 온전히 나에게 집중한다.

누군가에게 인정을 받기 위한 차림새를 우선시하지 않는다. 스스로가 가장 아름답고 매력적일 수 있는 포인트를 가장 잘 알고 있기 때문이다. 한국 사람들 눈에 비쳤을 때, 조금 통통하고 뚱뚱하더라고 프랑스 여자들은 먼저 '살 빼야겠어.라고 하고 하지 않는다. 강점을 강조하다 보니 약점이 있는지 모를 만큼 당당하고 멋지게 자신을 뽐내는 여성들이다. 그만큼 타인의 개성을 함부로 평가하지 않는다. 다만 각자는 모두 다를 뿐임을 인정한다.

나는 프랑스에서 6년 동안 살면서 타인의 외모 평가에 무뎌졌다. 주변 여성들이 하나같이 타인이 인정하는 나보다 내가 나를 사랑해주는 사람이 되라고 끊임없는 자극을 주었기 때문이다. 그런 마음가짐을 가지고 싶었고 다행히도 그렇게 변하고 있다. 그리고 나 자신이 스스로 아름답다고 말해주는 사람이 되었다. 항상 타인의 평가에 예민하고 상처받았던 한국 생활보다는 난 프랑스에서 단연 더 행복하다고 말할 수 있다.

프랑스 여자들은 균형을 지키는 것에 목숨을 건다. 균형이 적용되는 것은 여러 가지 형태로 존재한다. '일과 삶의 균형', '식단의 균형', '여러 가지 역할의 균형' 등 수 많은 삶의 형태 안에서 균형을 지키려고 부단히도 노력한다.

일과 삶의 균형을 철저하게 지킨다. 개인 연락처와 업무용 연락처를 구분하여 업무 시간 외에는 지시를 받지 않는다. 퇴근 이후에 업무 연락 차단하기, 휴가 기간에 회사와 나를 구분하기를 목숨같이 지킨다. 그리고 그 동료와 상사들도 그 사람의 균형을 깨지 않으려고 서로 노력한다. 그래야 일하는 동안 최상의 상태로 일할 수 있음을 알기 때문이다. 한국에서 '카카오톡'의 출현 이후, 언제 어디서나 24시간 업무 지시할 수 있는 한국의 문화는 프랑스인들에 눈에는 충격 그 자체이다.

퇴근 후 저녁과 주말의 시간이 온전히 주어진다면, 그 시간마저도 균형을 맞춰간다. 가족과 함께하는 시간, 아이와 함께하는 시간 중에서도 언제나 '나를 위한 시간'을 꼭 마련한다. 아주 사소한 것이라도 나를 위한 의식이 하루 중에 꼭 몇 분이라도 존재한다. 이건 생각보다 더 간단하다. 아침에 일어서나서 좋아하는 차 마시기, 점심시간에 햇빛으로 광합성 하기, 저녁 시간에 짬을 내 운동하기 등. 자신을 돌보고 지친 나를 달래주기 위한 시간을 갖다 보니 정신적으로 육체적으로 건강하다.

가정을 이룬 여성이라면 일과 살림을 남편과 분담한다. 남편이 가사 일을 더 많이 한다는 가정을 빈번하게 보기도 한다. 여성으로서 일과, 육아, 살림을 다 맡아서 해야 한다는 슈퍼우먼 강박증은 없다. 아이와 남편을 사랑하는 만큼 본인을 동등하게 사랑해야 한다는 유전자가 새겨진 것 같은 느낌을 줄 정도다. 그만큼 본인을 사랑하는 시간을 빠뜨리지 않는다.

식습관에도 균형을 맞춘다. 미식의 나라이지만 절제해서 먹을 줄 안다. 프랑스인들은 긴 코스의 음식을 먹을 때도 영양소가 골고루 들어간 음식을 배치한다. 양이 적어 보이지만 사실 열량이 적지 않다. 그럴 때 프랑스 여자들은 그다음 날 끼니는 가벼운 채소로 대신한다. 하루는 고기 없는 날로 지정하여 세끼를 다 채식을 하기도 한다. 채우면 비울 줄 알고, 비우면 다시 채울 줄도 아는 균형을 자연스럽게 체득한다.

프랑스 사람들에게서 자신의 다양한 역할극에서 본인의 중심을 지키는 법을 배운다. 결국, 나를 가장 사랑하는 법을 찾는 것과 다름없다. 파리의 여자들은 젊음이 있다면 노년의 아름다움이 있다는 것도 안다. 있는 그대로의 아름다움을 인정하고 더 빛날 수 있도록 자신을 사랑하는 파리 여성들의 태도는 내가 프랑스에서 배운 것 중 가장 값진 배움이다.

프랑스 여자들은 물건에 주인공 자리를 내주지 않는다. 오히려 장신구를 적절히 이용해 자신을 주인공으로 만드는데 뛰어난 재능을 지녔다. 건강한 식단과 운동으로 갖춰진 균형 잡힌 몸매와 당당한 자세는 본인을 명품으로 완성한다. 스스로 빛을 발하는 여성이 되기까지 얼마나 내면을 갈고 닦았을까 헤아려 본다. 파리 여자들의 마음가짐을 배울 수 있어 행운이다.

007

# 꿈이 있는 **여자로** 살아가는 것

나는 여전히 서른에도 꿈을 꾼다. 또래의 친구 중에는 벌써 가정을 이루어 자녀가 둘인 친구들도 있다. 친구들에게 사실대로 꿈을 다 털어놓으면 이제 좀 현실에 발을 좀 붙이고 살라고 눈총을 받기도 한다. 아무렴 어떤가. 꿈을 꾸는 건 개인의 자유요 온전한 권리인 것을. 아마 나는 죽을 때까지 꿈꾸는 김소라로 남을 것이다.

사장들의 사장이라 불리는 김승호 회장의《생각의 힘》이라는 책에서 한 구절이 가장 강하게 기억이 남는다. 자신의 책을 읽는 사람 중에는 실제로 행동으로 옮겨 창업하는 사람이 있는가 하면 다른 사람들은 독서로 만족을 한다고 했다. 이 글에서 또 한 번 자각했다. 행동하지 않는 자에게는 미래가 없다는 것을. 독서에만 머무르는 독자가 아니라 글 쓰는 작가가 되자.

몇 십 년 동안 읽어온 책에서 배운 교훈과 나만 겪었던 경험담을 통해 이 세상에 없는 스토리를 만들자. 그리고 나의 이야기로 세상에 도전할 용기를 갖고 힘들 때 위로받을 수 있는 글로 독자들의 마음을 어루만져주는 사람이 되고 싶었다. 글을 쓰기로 마음을 먹고도 실제 책을 쓰기 시작하기 전까지 몇 년의 시간이 걸렸다. 행동으로는 옮기지 못한 채 마음만 요동쳤다. 그런데 꼭 써야만 할 것 같은 사명감이 들었다.

분명 나의 도움이 필요한 사람이 있을 것이라는 마음에 확신이 있었다. 직장을 다니며 시간을 쪼개어 글을 쓰는 게 쉽지 않지만 이만큼 행복할 수 있을지도 몰랐다. 하루는 글이 너무 써지지 않아 하루 종일 노트북 앞에 멍하니 앉아 있다 한 단락도 못 채울 때도 있었다. 그러면 생각을 비우기 위해 하염없이 파리를 걸었다. 퇴근 후 개선문을 지나 에펠탑으로 향하는 그 길을 그렇게 수도 없이 걸었다. 마음과 머리를 비우면 새로운 글감으로 가득 차올랐다. 걷다가 흘러가는 생각을 기록하기 위해 종이와 펜을 들었다. 심지어 밤에는 잠자리에 들었다가 첫 단락에 시작할 문장이 머릿속에 떠올라 중간에 깨는 적도 있었다. 꿈을 현실로 만드는 과정이었고, 현실이 곧 꿈같은 삶이 이어졌다.

프랑스에 혼자 유학생으로 정착하면서 힘들 때 짠하고 나타나서 달래주는 친언니가 있으면 좋겠다는 생각이 자주 들었다. 그리고 실제로 유학생들이 내가 겪었던 비슷한 만큼 혹은 그 이상으로 파리에 정착하는 과정을 녹록치 않게 여긴다. 내가 그런 학생들의 친언니가 되어야겠다는 마음에 아드레날린이 솟구쳤다. 이 언니는 맨땅에 헤딩을 여러 번 했지만 혼자 힘들어하지 말라고 다독여 주고 싶었다.

실제로 전 세계에 퍼져있는 동생들이 연락이 온다. 프랑스, 한국, 미국, 중국에서 연락이 온다. 듣고 보면 꼭 내가 힘들었던 과정을 비슷하게 겪고 있는 동생들을 보며 괜찮다고, 잘하고 있다고 다독여 준다. 내가 유학생일 때도 발전할 기미가 없어 보이는 나의 실력을 가장 많이 채찍질했는데, 돌이켜보니 나는 그 순간을 가장 최선으로 살고 있었다.

'동생들아 너희는 가장 멋진 모습으로 지금을 살고 있어. 이 언니, 누나가 응원할게.'

유학생들이 가장 힘들어하는 분야가 공통 적으로 세 가지가 있다. 비슷하게 언어적, 환경적 생활고를 이야기한다. 우선 본인이 거주하는 국가에서 언어의 한계를 느낄 때가 많다. 성인이 다 되고 유학을 떠난 경우라면 후천적으로 언어를 배우기 때문에 한국 억양이 짙게 배어있을 수도 있고 문법구조가 어려울 수 있다. 하지만 유학을 선택한 만큼 거주한 국가의 언어를 완벽하게 마스터하려는 노력은 필수다. 대신, 괴롭게 배우는 것보다는 즐겁게 배워라. 대학교에서 배우는 전공과목의 언어가 어렵다면 비슷한 분야의 책을 가장 많이 읽어라. 인풋이 많을수록 아웃풋의 질이 달라질 수밖에 없다. 만약 실생활에서 사용하는 언어가 익숙하지 않다면 가장 좋은 학습 도구는 유튜브와 라디오이다. 처음엔 이해되지 않더라도 무조건 틀어놓고 들어라. 듣다가 모르는 단어가 있으면 소리 나는 대로 적어놓고 사전으로 찾아보면 된다. 언어를 학습할 때 가장 신기한 건, 한 번 뇌리에 각인된 언어는 그다음부터는 명쾌하게 단어가 들린다. 끊임없이 읽고 들은 다음 받아 적고 틀리더라도 말할 수 있는 상대를 찾아라. 삼박자가 완전히 맞물린다면 언어가 늘 수밖에 없다.

프랑스에 유학을 온다면 언어가 완벽하지 못해 겪는 고충과 서러움이 있을 수 있다. 그럴 때일수록 좋은 사람을 옆에 둬라. 심신이 지치지 않게끔 운동을 같이하는 친구들을 만들고 좋은 영향을 주는 사람들을 가까이해라. 가끔 나에게 찾아오는 유학생들에게 공부뿐만 아니라 심신의 건강을 신신당부한다. 조화로운 마음과 건강한 육체가 뒷받침되어야 공부도 무리 없이 끝낼 수 있다. 가능하다면 미리 정착한 유학 선배들에게 찾아가 조언을 구해도 된다. 이미 프랑스에도 경제활동을 하는 한국 청년들이 두루두루 분포되어있다. 두드리지 않으면 아무것도 열리지 않지만 두드린다면 새로운 기회를 찾을 것이다. 같은 분야를 공부한 사람, 이미 원하는 직종에서 일하고 있는 사람, 외국에서 당당하게 성공한 CEO들을 만날 수 있는 용기 있는 이메일 하나면 충분히 만날 수 있다.

나는 막다른 골목에 다다랐을 때마다 인생의 멘토들을 찾았다. 멀리 있어 만나지 못하는 사람들은 책을 통해서 만났다. 삶으로 가져오고 싶은 작은 습관, 행동 하나 놓치지 않고 가져오려고 노력했다. 그래도 고민이 풀리지 않을 때는 가까이서 만날 수 있는 사람에게 메일을 보내서 만났다. 한 치 앞도 내다보이지 않는 미래가 불안하고 걱정스러울 때 이미 그 나의 고민을 겪어본 사람들을 만나면 마음이 편안해졌다. 내가 생각했던 고민이 한낱 불안에 불과했다는 사실에 안도의 한숨을 쉬기도 했다.

아이들은 가끔 원하는 대로 되지 않으면 울음을 터트려버리고 만다. 양말 신는 법을 몰라 힘들어서 혼자 낑낑대다 어른의 도움으로 양말을 신을 때 안도감과 만족감을 느끼면서 어른이 되는 과정을 배운다. 어른들도 마찬가지이다. 각 단계와 고비마다 또 다른 어른의 도움이 필요하다. 개인의 사고와 시야에 나를 가두지 말자. 미로에 갇혀 있을 때 인생 선배들은 나를 미로 위에서 조망하듯이 조언을 해준다. 이미 앞서간 언니, 오빠들은 과거를 회상하면서 시행착오를 줄일 수 있는 길로 안내할 것이다.

그렇게 한 번 인연을 맺은 사람들로 주변을 꿈의 군단으로 만들어라. 고민과 걱정거리가 있을 때, 본인이 정한 스스로 한계에 주눅 들지 말고 그 한계를 깨부술 사람과 가까이해야 한다. 외국인이라서 안 되고, 여자라서 안 되고, 나이가 많아서 안 된다고 세상이 이야기할 때 끊임없이 세상의 편견과 싸울 수 있는 나만의 무기를 갖춰야 한다. 나의 꿈을 이루는 여정에 나의 멘토들이 빠질 수 없는 것처럼 누군가의 꿈의 동행할 수 있는 사람이 된다는 건 참 가슴 벅찬 일이다. 문을 두드려라. 그리하면 새로운 세상이 펼쳐질 것이다.

008

# 웃으며 **사랑하며** 살라

파리의 삶 곳곳에서 여유를 찾아볼 수 있다. 바쁜 출근길에 여유롭게 테라스에서 브런치를 즐기는 직장인, 연배가 지긋하신 분이 6시 정각에 테라스에서 와인을 마시는 걸 보며 감탄한다. 똑같이 주어진 하루인데도 누군가는 더 여유롭게 보내는 여력이 있는 것 같다. 시간의 마술사 같다고나 할까.

매일 같은 시간 아침 출근길에 마주치는 사람들이 있다. 뼛속까지 시린 파리의 추운 겨울을 나고 나면 선선한 아침 기운이 그렇게 고마울 수가 없다. 때에 맞춰 카페들도 일찍 문을 열고 손님맞을 준비를 한다. 도로를 향하고 있는 줄지은 테이블에 사람들이 이른 아침부터 들어차기 시작한다.

에스프레소 한 잔 그리고 바게트와 두 세 종류의 잼까지 갖추면 어느 정도 구색을 갖춘 간단한 아침이 준비된다. 저마다 아침 시간을 보내는 방법이 각양각색이다. 누군가는 신문을 보기도 하고 누군가는 노트북을 켜고 일을 하는 것 같기도 하고 누군가는 먹는 것에 집중한다. 지위가 있고 나이가 많으니 조금 더 여유를 가질 수 있는 것 아니냐고 반문할지 모르지만, 생각보다 연령대가 매우 다양하다.

정신없이 출근하기 바쁜 와중에 아침을 느긋하게 즐기는 프랑스인들을 보며 '과연 공평하게 주어진 시간을 잘 활용하고 있는 걸까'라는 의문이 든다. 현대인들에게는 빠른 서비스가 각광 받는데 프랑스는 유독 느림의 미학을 간직한다. 테이크아웃 커피 전문점이 많이 없어서 그런지 몰라도 잠깐의 시간이라도 고요하게 즐기려는 사람들이 신기할 뿐이다.

잠시 스친 여유로운 사람들의 표정은 잊고 현실에 집중하다 보면 금방 점심시간이 다가온다. 햇살이 좋은 날에는 점심시간에 테라스로 사람들이 몰리기 때문에 일찍 자리를 잡는 편이 좋다. 날이 더울 때는 시원한 화이트 와인을 한 잔 하기도 하고, 날이 쌰늘할 때는 레드 와인을 한 잔 하면서 몸을 따듯하게 한다.

가끔 멀지 않은 곳에 있는 공원에 먹을 것을 사들고 가 잔디밭에 앉아 점심을 먹는다. 그러다 짧게 낮잠을 자기도 한다. 점심시간으로 정해진 시간이 주어지지만, 점심시간만큼은 나를 위해 재충전하는 시간으로 활용한다. 일할 땐 일에 집중하고 쉴 땐 일과 나를 온전하게 분리하는 것이다. 그렇게 동료와 한참 웃고 떠들다 보면 다시 일터로 돌아가야 하는 시간이다.

서울 직장인들과 비교할 때 파리 직장인들이 한결 더 여유로워 보였는데 역시 여유는 또 상대적이다. 파리사람들은 또 프랑스 지방 사람들이 누리는 여유를 부러워했다. 가끔 프랑스 지방으로 출장을 가는 경우가 생기는데 파리보다 훨씬 더 여유로운 모습에 종종 놀랬다.

파리에서 드문드문 보던 나무들이 지방에 가면 끝없이 펼쳐졌다. 건물이 상대적으로 낮아 하늘이 더 가까이 있는 것처럼 느껴졌고, 시간이 더 천천히 흐르는 것만 같았다. 미팅을 잘 끝내고 나면 지방 음식을 꼭 먹어봐야 한다며 그 지방의 특색 있는 음식들과 곁들여 먹을 수 있는 와인까지 꼭 같이 주문을 해주곤 했다.

나는 자주 사람들을 관찰한다. 대화하면서 한 발짝 물러나 대화의 흐름을 관찰하는 걸 즐기는 편이다. 특히 프랑스인들의 비즈니스는 어떤 모습일까를 자주 들여다본다. 그날 주요 대화 주제는 '경영'이었다. 한국으로 따지면 '부장님'급 된 분이 '경영은 무엇인가'라는 주제로 이야기를 시작하셨다.

"경영은 절대 학교에서 배울 수 없지. 글로 배운다고 해서 절대 사람을 경영하는 법을 터득할 순 없어. 우리는 일하기 위해 태어난 것이 아니니까 그 어느 순간에도 사람보다 일을 우선시해서는 안 돼. 결국, 사람이 중요하고 사람을 존중하지 않는 사업은 망할 수밖에 없어. 내가 일하는 곳에서 많이 웃고 행복을 나눌 수 있다면 그만큼 좋은 경영은 없지"

누군가에게는 진부한 이야기처럼 들릴 수도 있다. 그리고 말과 행동이 다를 수 있다는 것도 염두에 두었다. 기억을 더듬어 보니 정말 사람을 생각하는 상사였다. 부하직원들이 실수했을 때 그 상사의 행동을 몇 번 볼 기회가 있었는데 대놓고 무안을 주거나 다그치지 않았다. 오히려 실수에서 배울 수 있어 다행이라며 쿨하게 대처하는 행동에서 동료와 부하직원을 대하는 자세를 엿볼 수 있었다.

가끔 한국 직장에서 일어나는 일들을 뉴스를 통해서 본다. 승진하기 위해 동료나 부하직원들을 괴롭히는 상사, 윗사람에게는 아부를 떨면서 아랫사람에게는 안하무인인 상사, 직원의 복지는 전혀 관심 없는 회사 경영진들을 보며 무엇을 위해 사는지 궁금할 때가 있다. 우리는 분명 일하기 위해서 혹은 남을 짓밟으며 승진하기 위해 태어나지 않았는데 역할극에 너무 깊이 빠질 때가 있다.

하루 3분의 1 이상을 보내는 곳에서 '웃으며, 살며, 사랑하며' 지낼 순 없을까. 프랑스인들에게 하루에도 여러 번 짧게 나만의 시간을 보낼 수 있는 여유를 배우곤 한다. 사회적인 관계를 맺은 범위 내에서도 나다울 수 있는 모습을 자주 갖는 모습이 우리의 직장 내의 행복을 지키는 방법이 아닐까.

나답게 산다는 것 참 별거 없는데 별거처럼 느껴진다. 나답다는 것은 나답게 생각하고, 행동하고 말하는 것이다. 나다운 자유는 나답게 생각하고, 행동하고, 말하더라도 주변 사람들이 판단하려고 들지 않는 것이다. 나다운 걸 인정한다는 것은 나답게 생각하고, 행동하고, 말하는 것에 틀리다고 말하는 것이 아니라 다르다고 받아들이는 것이다.

24시간 중에 나를 잃으면서까지 버려도 되는 시간은 없다. 어느 순간에도 나답게 살아가는 것이 우리의 숙명인 것이다. 그러니 하루 중 잠깐이라도 틈을 내서 '나로 돌아오는 시간' '다시 나다워지는 시간'을 자주 갖길 바란다. 결국 나의 본래 모습에 가장 가까울 때, 얼굴에 웃음꽃이 피며, 주어진 순간을 주체적으로 살아내고, 사랑이 가득 차는 나를 발견할 것이다. 그러니 그대 어느 순간에 있더라도, '나다움'을 놓치지 말아라.

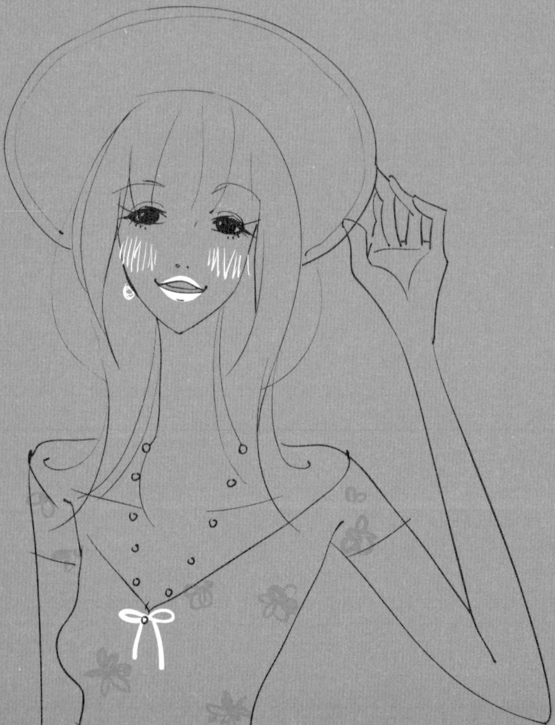

# 5

# 당신이 **선택한 길**이 모든 것을 **바꾼다**

MÉTRO
SAMARITAINE
Pont
Enjoy a Sightseeing Tour of

001

# 내가 **프랑스에서** 배운 것들

어떤 순간에도 나답게 그리고 자유롭게 살고 싶었다. 누군가의 바람, 기대로 사는 삶이 아닌, 내가 주도하는 삶을 살고 싶었다. 스스로 자유롭게 선택하며 온전히 책임지는 삶을 찾아 헤맨 지 30년 지나 나는 프랑스에 살고 있다. 프랑스의 삶이 차곡차곡 쌓이자 이제는 헤밍웨이의 말에 끄덕일 수 있게 되었다. 내가 20대에 파리를 경험할 수 있었던 건 그의 말대로 인생의 큰 행운이자 축제였다.

프랑스의 삶은 조금 오래 겪어봐야 제대로 알 수 있고, 오랫동안 지켜봐야 정말 아름다움을 알 수 있다. 프랑스에 가지고 있던 애증의 감정이 진짜 사랑으로 변한 순간이 올 때까지 프랑스를 경험하고 이해해야 한다. 물론 첫눈에 봐도 아름다운 도시지만, 프랑스의 인간에 대한 이해와 사랑에 대한 가치는 깊게 파고들어 발견해야지만 보인다. 마치 조개 속에 꼭꼭 숨어있는 진주와도 같다. 나의 애증이 감정이 사랑이 되기까지 그 기간이 생각보다 길었지만, 파리에 있는 6년 동안 나는 강해져 있었고 온전히 나로 존재해도 안전하다는 것을 깨달았다.

언어가 불충분하고 문화를 충분히 이해하지 못했던 나는 프랑스가 인종 차별로 가득하고 파리사람들은 무례하기 그지없다고만 여겼다. 로마에 가면 로마법을 따르라고 했지 않았던가. 내가 주체적으로 선택한 프랑스 삶이었기에 그들의 언어를 완벽히 익히는 것은 어찌 보면 당연한 것이었다. 나의 권리를 찾기 위해 화를 내고 언성을 높인 경험만큼 나는 강해져 있었고, 언어 실력이 눈에 띄게 늘었다. 나를 지키기 위해 '틀린 걸 틀렸다'라고 말할 용기를 쌓았고, 무례함에 대처하는 법을 배웠다.

시간이 지나서 언어를 제대로 익히고 문화를 알고 나니 나는 본국보다 더 큰 보호를 받고 있다는 것을 깨달았다. 한국인 유학생이었지만 프랑스 학생들과 똑같이 학생으로서 보호를 받았고, 시간이 흘러 한국인 직장인이 되었을 때도 법 앞에 평등한 사람이었다. 투표권 외에 프랑스인과 동등한 대우를 받았다. 외국인이지만 프랑스인과 똑같은 법의 테두리 안에서 안전하게 생활을 했다.

프랑스에서 생활하는 내내 나는 한국인으로서 그대로 인정을 받았다. 프랑스에서 나의 정체성은 오히려 더 확고해졌다. 사람들은 한국문화, 역사, 음식과 한글에 관심을 가졌고, 다양한 문화를 이해하기 위해 끊임없이 문화의 차이를 이해하고자 했다. 때론 북한과 남한의 관계를 나보다 더 세세하게 열거하는 사람부터, 한국의 통일을 열렬히 지지하는 사람까지 신기할 정도로 한국문화에 관심이 많았다. 나와 다른 배경을 가진 사람과 공존할 수 있도록 프랑스 정부와 사회 및 교육의 힘이 얼마나 강력한지를 느낄 수 있었다.

무엇보다 프랑스에서 사는 것의 가장 큰 행운은 '나다움'을 지키는 것이다. 파리에서 생활하는 동안 나의 외적인 대한 평가를 점진적으로 멈추기 시작했다. 주변에서 취직, 결혼, 출산, 육아에 관한 관심 혹은 부담을 주는 사람이 극히 드물었다. 그리고 매일같이 듣던 외모에 대한 평가도 사라졌다. 외부의 목소리가 확연히 줄어드니 내면의 목소리가 들리기 시작했다. 사회적인 평가와 잣대가 모두 사라지니, 프랑스 생활은 오로지 나에게만 집중할 수 있는 시간을 허락했다.

타인의 시선으로부터 자유로워지자 진짜 자유를 누리고 있다는 걸 알았다. 타인의 자유를 침범하지 않는 내에서 행해지는 나의 자유는 생각보다 더 짜릿하다. 정장을 갖춰 입고 킥보드를 탈 수 있는 자유, 5시에 퇴근하면서 눈치 보지 않을 자유, 나보다 더 나이 많은 사람에게 틀린 걸 틀렸다고 말할 자유, 나보다 어린 사람에게 틀렸다는 말을 들어도 기분이 나쁘지 않은 자유. 나에게는 이 모든 것이 그냥 쉽게만 얻는 자유가 아니었다. 끊임없이 얻고자 했기에 자유를 맛보았을 때 감사할 수 있었다.

프랑스의 삶은 축제와도 같았다. 아이러니하지만 여느 삶과 같이 하루하루는 치열했다. 외국인 학생으로 혹은 직장인으로 살아남기 위해 남들보다 몇 배의 노력을 더 가해야 했던 건 사실이다. 그런 노력을 뒤돌아보니 내가 지나온 길이 모두 성장의 길이었음을 깨달았다. 젊음을 되찾는다 해도 6년 전의 나보다는 지금의 내가 좋다. 내가 걸어온 길이 지금의 나를 만들었다고 생각될 때, 나는 그 과정이 축제였음을 알았다.

무엇보다 나는 감사한 순간에 감사하다고 말할 수 있는 사람이 되었다. 하루에도 가장 많이 반복하는 단어가 무엇일까를 되돌아보면 나의 하루가 어떻게 채워져 있는지 알 수 있다. 주변 사람뿐 아니라 일하는 동안 전화 통화를 한 협력 업체, 고객들, 동료 그리고 상사와 매일같이 한 번 이상 고맙다는 인사를 주고받았다. 고맙다고 이야기할 때는 정말 온 마음 다해 수화기 너머로, 채팅창 너머로 감사함을 전달했다.

사랑하는 사람에게 사랑을 표현할 줄 아는 사람이 되었다. 가족, 친구, 연인에 대한 사랑을 표현하고 또 표현했다. 그 순간을 함께해줄 수 있는 소중한 사람들에게 감사함과 사랑을 전달하는 일은 어느 순간에도 미뤄서는 안 된다. 사랑의 전염성은 너무도 강하기에 빠르게 전파된다. 그렇게 나의 마음에 사랑을 키우면서 주변 사람들이 사랑도 점점 커졌다.

바쁘고 지친 일상 속에서도 감사함과 사랑을 찾을 수 있는 시간이 있다는 건 인생의 축제와도 다름없다. 잠에서 깨어나 도심 속에서 들을 수 있는 새소리, 살랑이는 바람, 따스하게 내리쬐는 햇볕에 감사하는 순간 깨어있음을 느낄 수 있다. 온전하게 나의 의지로 선택한 삶을 살아가고 있다는 것, 행운이자 축복이다.

파리 생활을 꿈꾸고 있다면 진짜 보물을 찾기 위해 조금 오랫동안 파리에 머물 것을 계획했으면 한다. 진정한 자유와 행복을 찾는 시행착오를 거쳐 온전한 나만의 것을 찾을 때까지 오랜 시간이 걸릴 수 있다. 에펠탑, 개선문, 루브르 박물관 그리고 센느강이 주는 겉모습의 아름다움을 넘어 진정한 프랑스의 멋을 느껴야 할 시간이 충분히 필요하다.

무엇보다 프랑스 여행은 느려야 한다. 그래서 그 공간의 자유와 행복을 느껴봐야 한다. 잔디밭에 누워서 가져간 책을 읽다 잠도 들어보고, 햇살이 주는 따듯함을 만끽하라. 좋아하는 예술 작품이 있다면, 몇 시간이고 그 작품에 빠져들어도 좋다. 종이와 펜을 준비해서 작품을 느리게 흡수했으면 좋겠다. 떠오르는 글이나 시를 써도 좋고, 따라서 그림을 그리며 작품을 이해하는 시간을 갖아라. 그리고 그 축제 같았던 자유와 행복이 몇 년이고 당신의 인생에 향기를 남길 것이다.

002

# 어른 아이, **인생 독립을** 선언하다

나이가 들면 자연스럽게 성숙해지는 줄 알았고 철이 드는 줄 알았다. 학교에서 공부하는 것만큼 더 치열한 어른 공부가 필요한 것 같다. 육체적, 경제적으로도 독립해야 하지만 정신적으로도 스스로 독립하는 법은 더 어렵게만 느껴진다. 왜 어른들은 아무도 어른이 되는 준비를 하라고 이야기해주지 않았던 걸까. 삶의 무게를 감당하는 법을 스스로 알아야 할 때가 올 테니 단단히 준비하라고 알람을 울려주지 않은 걸까.

지방에 살던 내가 서울로 대학을 가고 유학을 홀로 왔으니 육체적으로 독립한 건 거의 10년이 넘었다. 서울 살이 초반에는 내 짐을 차로 옮겨다 주면서 엄마는 눈물을 훔쳤다. 아빠의 말론 내가 고시원에 들어갈 땐 돌아가는 차 안에서 엄마는 통곡했다고 했다. 처음 해외로 나갈 때는 공항에 나와서 부둥켜안고 울었는데 이제는 집 앞에서 인사한다. 그러고는 혼자 리무진 버스 타고 공항도 잘 다닌다. 육체적으로는 부모님과 완벽하게 독립한 어른이다.

경제적으로 독립한 건 최근이다. 프랑스로 유학을 오면서 스무 살 중반까지 부모님께 기댔으니 경제적 자립은 몇 년이 채 되지 않았다. 그마저도 아빠가 결단력 있게 '대학원 졸업 이후에는 알아서 살아라'라고 하지 않았으면 여전히 독립하지 못했을 것이다. 부모님의 노후자금과 여유자금에는 더 이상 손대지 않으리라 과감히 결심하고 대학원 졸업식과 동시에 독립을 선언했다. 구직하면서까지 생활비를 부모님께 손 벌릴 수 없는 상황이었다. 당시 가능한 통역과 번역 업무는 할 수 있는 한 최대한 했다.

처음으로 큰돈을 만져보기 시작한 때이기도 했다. 대학생 때는 용돈을 받거나 그마저도 부족하면 간간이 아르바이트했다. 그러나 주체적으로 돈을 벌면서 관리해보는 건 처음 접하는 것이었다. 돈을 버는 족족 소비를 하기 시작했다. 유학생 때 못 먹어본 음식과 디저트를 원 없이 먹었다. 그리고 못 가본 곳을 여행했다. 프리랜서 통역 일이 항상 있는 것이 아니었기 때문에 불안했지만 짧은 만족을 위한 소비를 골라 했다. 충분히 일감이 있는 달에는 여느 직장인들만큼 벌었지만, 일감이 아예 없을 때도 있었다.

돈이 있을 때도 없을 때도 스스로 살아가는 방법을 터득해야 했다. 많이 벌었다고 마음 놓고 풍족할 수 없었고, 적게 벌었다고 전전긍긍할 수만은 없었다. 돈을 버는 것보다 현명하게 쓰는 법을 알아야 한다는 것을 그때야 깨달았다. 하지만 취직한 이후로도 여전히 경제적인 관념 없이 한동안 소비패턴을 바꾸지 못했다.

1년쯤 사회생활을 하고 나서 그제야 나의 재무 상태를 정확히 꿰뚫어 보기 시작했다. 나의 재정상태를 자본, 자산, 부채로 나누어서 엑셀 표를 만들었다. 틈틈이 아르바이트하고 1년간 경제활동을 한 것에 비교하면 아주 보잘것없는 재무 상태였다. 매일 꼬박꼬박 들어오는 월급이라는 현금 자산 외에는 튼실한 자본도 없고 그렇다고 과감한 두자로 인한 부채도 없었다. 쥐꼬리만 한 저축마저 세금으로 냈으니 말 그대로 내용 무의 상태다. 내용물이 없어 깔끔하지만, 부실한 재무제표를 보고 결심했다. 경제적인 독립을 넘어선 탄탄한 재무제표를 만들어 나가야겠다고 생각한 순간이기도 하다.

경제적으로 독립한 순간이 진짜 어른이 되는 진입로였다. 혼자의 삶도 감당하기 버거운 삶을 어떻게 지속해 나갈지 고민에 빠졌다. 나는 아직도 누군가에게 기대고 싶은 마음이 간절했다. 몸은 어른으로 성장했는데 아직 내 몸속에는 어린아이가 굳건히 자리 잡고 있었다. 행여나 부모님이 걱정할까 아픈 것도 내색하지 않고 다 해결된 다음에 말하는 첫째 딸이었다. 고민거리가 있어도 짧게만 이야기하고 혼자 감당하는 게 익숙해진 터라 내면의 아이를 달래는 법도 스스로 터득해야 했다.

해외에서 공부를 마친 후, 프랑스에서 제대로 자리 잡지 못했던 내 마음속에는 자존감이 한없이 낮아진 아이가 들어섰다. 게다가 외국인 친구들과 경쟁하면서 한껏 꺾인 자존심을 회복해야 했다. 때로는 첫 사회생활에서 번 돈보다 용돈을 더 많이 받는 친구들을 보면서도 내면 아이는 수없이 위축되었다.

경제적 독립은 정신적인 독립과 함께 병행되었다. 주체적으로 삶을 꾸려나간다는 것은 경제적으로도 우뚝 자립하면서 자존감을 회복하는 길이었다. 사실 돈을 많이 벌고 적게 버는 것은 크게 중요하지 않았다. 얼마큼 돈에 대한 주체성을 가지고 생활할 수 있는지가 더 중요했다. 예를 들어 고소득자여도 나를 위한 소비가 아닌 과시적 소비를 한다면 마음속의 공허함은 더 커진다. 반대로 적게 벌더라도 모든 소비가 나 자신을 위한 투자라면 경제적으로도 독립하지만, 자존감도 회복할 수 있다.

나는 모든 소비를 '나를 위한 투자'라고 이름 지었다. 소비에도 합당한 목적을 부여한 것이다. 꼭 필요한 생활비에 들어가는 고정비 항목을 빼고는 가장 큰 부분을 나에게 투자했다. 사실 거창해 보이지만 일상적으로 하는 소비가 투자가 되도록 의식을 발전시킨 것뿐이었다.

음식을 먹기 위해 소비하는 것이 아니라 좋은 음식으로 몸을 건강하게 가꾸는 투자라고 생각했다. 어느 정도 나이가 들면 먹는 음식이 그대로 얼굴과 몸에 흔적을 남긴다는 것을 안다. 그래서 의식적으로 가장 자연에 가까운 음식들 위주로 먹으려고 애썼다. 건강한 음식을 섭취하면서 일차적으로 건강한 몸을 유지하고, 틈틈이 운동했다.

먹는 것만큼 이상으로 투자를 한 것은 바로 배움이다. 배울 수 있는 여러 가지 방법에 아낌없이 투자했다. 워런 버핏은 '가장 좋은 투자는 나에게 하는 투자'라고 했다. 2%도 안 되는 프랑스 금리에 저축하고 저평가 우량주 주식을 찾아 헤맬 때, 나는 과감하게 나한테 투자하여 300% 이상을 확보하려 했다.

경제적인 관념뿐 아니라 진짜 나로서 살아가는 법을 책을 통해 끊임없이 배우고 적용하는 연습을 했다. 책으로도 얻을 수 없다면 직접 사람을 찾았다. 책을 읽고 감명 깊게 읽은 저자에게 메일을 보내기도 했고, 닮고 싶은 기업가에게 직접 메일을 보내기도 했다.

경제적으로도 자립하는 법을 배웠지만, 더 큰 수확은 정신적으로 성장하고 있는 것이었다.

감정을 다스리는 법, 사람을 대하는 법, 적게 소유하고 더 행복해지는 법을 끊임없이 탐구하는 과정에서 나는 점차 내 안에 있는 아이를 어른으로 성장시켰다. 여전히 잔가지는 비바람에 흔들리지만 조금씩 더 굵은 가지로 변화하고 있음을 느낀다. 나는 그렇게 어른이 되어가고 있다.

003

# 꿈은 **종이 위에서** 업그레이드된다

《하버드 경영대학원에서도 가르쳐주지 않는 것》에 소개된 연구결과에 따르면 목표를 종이에 적을 때 달성할 가능성이 더 높다고 한다. 1979년 하버드 경영대학원 졸업생들을 대상으로 목표 여부를 조사했다. 목표를 종이에 적은 집단은 3%, 목표에 대한 계획만 세운 집단 13%, 나중에 계획하겠다고 한 나머지 84%의 10년 뒤를 추적했다. 종이에 목표를 적은 3%의 집단의 나머지 97%의 집단보다 평균 10의 연봉을 받고 있었다.

목표를 글로 적는 효과는 실제로 겪어보지 않으면 모호하게 들릴 수 있다. 처음 이 연구 사례를 접한 나도 반신반의하면서 들었기 때문이다. 의심을 확신으로 바꾸는 단계를 거치기 위해 나 자신부터 실험하기로 했다. 매년 신년계획을 세우는 건 습관처럼 해

오긴 했지만, 의식적으로 얼마큼 변화하는지 더 자세히 기록하기로 했다. 마침 궁금했던 찰나에 이시다 히사쓰구의《3개의 소원, 100일의 기적》책을 읽게 되었다.

'100일 동안 소원을 날마다 종이에 열 번 쓴다'

간단해 보이는 이 작업이 과연 무엇을 바꿀 수 있다는 것일까? 궁금한 건 참을 수 없는 성격이기에 바로 행동으로 옮겼다. 실험 대상은 바로 나와 엄마. 엄마와 나는 100일 동안 매일 종이에 꿈을 적었다. 부동산 사업을 하는 엄마는 사업 규모의 확장과 가족의 건강, 행복을 기록했다. 나는 더 좋은 회사로 이직하는 것과 살 빼기 그리고 제2의 인생계획이 담긴 목표를 빼곡히 적었다.

엄마는 목표가 적힌 일기를 찍어서 매일 나에게 보냈다. 목표를 적는 건 그리 어렵지 않은 행동이었지만 분명 귀찮은 날도 있었다. 그래도 꾸준히 목표를 적었고 100일을 보냈다. 결과는 어땠을까? 엄마는 본인이 원하는 목표의 근사치에 도달했다. 반면에 나는 적어둔 목표가 너무 높아서 이루지 못한 것이 많았다. 매우 구체적이고 수치화시킨 목표일수록 더 이루기가 쉬웠다. 수치화할 수 없는 목표라면 달성 가능성을 확인하기 어렵기 때문이다.

나와 엄마라는 표본 집단이 두 명인 상태에서 성급한 결론을 내리긴 힘들지만 적어도 경제적인 측면은 직장인이었던 나보다 엄마가 훨씬 더 성과가 좋았다. 엄마는 부동산 사업에서 점점 더 입소문을 타서 많은 고객을 확보하게 되었고 좋은 소문이 더 빨리 퍼져나갔다. 물론 둘 다 모든 수치화한 목표를 100일 안에 다 이루지는 못했지만, 한 가지 확실히 깨달았다.

잠재의식 속에도 꿈을 각인시킬 수 있는 작업이 바로 종이에 적는 것이었다. 처음에는 이루고 싶으면서도 이미 어느 정도 마음속으로는 한계가 있는 목표를 적었다. 예를 들어 지금 상황에서 갑자기 연봉이 다섯 배가 높아질 수 없는데도, 현실적이지 않은 목표를 무리하게 세웠다. 이상과 현실의 간극이 너무 크면 지칠 수 있으니 주의해야 한다.

100일 동안 소원을 적고 나서 실패를 겪으며 나의 목표는 업그레이드되기 시작했다. 학생들이 공부 목표를 세울 때도 똑같은 방법을 사용할 수 있다, 하루 동안 할 수 있는 목표보다 훨씬 높게 공부량을 잡게 되면 성취감보다 자책감이 크게 들 때가 있다. 그러니 할 수 있는 목표에 대한 액션플랜을 좀 더 구체적으로 적는 것이 더 효율적이다.

계속 소원을 세분화시키는 과정이 필요하다. 신년계획서보다 100일 소원 적기가 조금 더 구체적이었다. 그 뒤에 내가 적용한 방법인 액션플랜은 매일 조금씩 행동으로 옮길 수 있는 일들을 상세하게 적었다.

우리 집 거울 옆에는 연초에 적은 신년계획 목표와 그로부터 두 달 뒤에 작성한 10가지 목표 그리고 그 목표를 이룰 액션플랜 10가지가 나란히 붙어 있다. 이미 이룬 것에는 빨간 줄로 밑줄을 긋는다. 그리고 우선순위가 높은 순서대로 액션플랜을 적어 원하는 기한까지 행동으로 옮길 수 있도록 했다.

글 중간에 소개한 것처럼 연초에는 항상 사랑하는 사람들과 신년계획 짜기를 같이한다. 올해는 가족, 친구, 지인만 하던 것을 더 큰 단위로 늘려보았다. 파리에서 같이 일하는 한인 청년들 45명과 함께 신년계획을 적는 시간을 가졌다. 명함 크기 정도의 은색 빛을 띠는 고급스러운 종이를 준비했다. 각자 원하는 목표 5가지만 적게 했고 이루고 싶은 것을 최대한 구체적으로 적도록 요구했다. 목표를 이루고 싶은 시기, 원하는 수치 등 결과를 측정할 수 있는 목표로 적도록 했다.

반응이 셋으로 나뉘었다. 첫 번째 집단은 목표를 거침없이 써 내려갔다. 수치화하는 작업은 조금 생소해 했지만 대체로 굵직굵직한 목표를 적어 내려갔다. 목표를 쓰는 과정에서 실제로 상상하며 기뻐하는 눈치였다. 두 번째 집단은 목표로 무엇을 써야 하는지 몰라서 갈팡질팡하는 집단이었다. 물론 적어 내려가는 과정을 즐기는 것처럼 보이지는 않았지만 꼭 채워서 썼다. 마지막 집단은 목표를 써본 경험이 없어서 굳이 왜 이런 걸 해야 하는지 모르겠다며 목표를 하나도 적지 않았다. 혹은 겨우 몇 개 채운 종이를 버리고 가는 사람도 있었다.

그렇게 10분의 시간을 주고 서로의 목표를 공유하도록 했다. 나의 꿈을 적는 것도 어색한 사람들이 남의 꿈을 적나라하게 본다는 것에 대해서 적잖이 당황하는 모습이었다. 그래도 서로의 꿈을 읽도록 요청했다. 그리고 우리가 가끔 안부를 묻는 것처럼 서로의 꿈에 대한 안부도 물어봐달라고 마지막 발표 멘트를 마쳤다.

나만의 작은 실험이긴 하지만 1년이 채 지나지 않은 시점에서 벌써 차이점이 보이기 시작한다. 신나게 목표를 적어 내려간 사람들은 드물게 현황을 알려주었다.

"과연 이 모든 것이 우연일까?"

매일 목표를 기록하고 눈으로 보는 작업은 잠재의식에 소원을 각인시키는 작업이나 다름없다. 적으면 적을수록 꿈에 도달하는 행동을 하게 되어있다. 의식 속에서 그리고 잠재의식 속에서 모든 행동이 그 목표에 가까워지도록 핸들을 열심히 돌리고 있다. 그러니 오늘부터 종이와 펜을 항상 옆에 두어라. 단지 종이에 쓰고 보는 것만으로도 원하는 것은 무엇이든 내 것으로 끌어당길 수 있다. 그리고 발전시킬 수 있는 만큼 수정하고 또 수정하라. 모든 행동 하나하나에 의미가 생길 것이다.

004

# 프랑스 여자처럼, **프랑스 엄마처럼**

아빠에게서 카톡이 왔다. 퇴직 후 사회복지사로 활동하고 싶은 아빠는 퇴직을 3년 앞두고 준비단계에 돌입했다. 사회복지론 중 여성 복지 수업을 들은 날 문득 딸 생각이 난듯해서 문자를 보낸 것 같았다. 결혼도 아직 하지 않은 딸에게 결혼 후 임신하고, 육아 휴직 후 일어날 수 있는 경력 단절에 대해서 생각해보라고 장문의 글을 보냈다. 선진국이라고는 하지만 프랑스에 혼자 놔둔 딸이 걱정되는 눈치였다.

스물다섯이 될 때까지 한국사회에서 여자로서 사는 삶이 어떤지 너무나 잘 겪었기에 여자의 고충을 모를 리 없었다. 여자이기 때문에, 엄마이기 때문에 힘들 수밖에 없는 삶을 엄마를 통해, 친구들을 통해 익히 봤기 때문이었다. 엄마도 결혼과 출산 후 경력이 단절되었고 본인의 의지로 내가 15세 되던 해에 용기를 내어 다시 공부를 시작했다. 대체로 엄마 나이 대 여성들은 육아도, 살림도, 시부모님을 모시는 것도 여자라는 이유로 혼자 감당해내곤 했다.

그로부터 10년 이상의 시간이 흘렀는데 지금 시대의 여자들이라고 달라졌을까? 젊은 나이에 결혼하고 출산 한 동갑 친구들을 출산과 동시에 대체로 일을 그만두었다. 남자들의 인식이 많이 바뀌어 살림과 육아에 많이 참여한다고 하지만 실상은 여자들이 감당해내야 하는 몫이 여전히 더 크다. 아이가 아플 때 휴가 내는 것, 유치원에 맡겨둔 아이를 찾기 위해 일찍 퇴근하는 것, 아이의 이유식을 만들고 가족들의 저녁을 챙기는 것, 아직도 여자들이 아이를 위해 시간을 더 쓰는 것임은 틀림없다.

《82년생 김지영》책이 한동안 한국사회에서 논란이 된 걸 지켜보았다. 솔직히 말해서 나는 이 책을 읽기가 두려웠다. 한국 여성들의 삶을 덤덤히 읽을 자신이 없었다. 내용이 너무 무거울 것만 같은 편견이 들어 끝내 책을 펼치지 못했다.

한국에서 여성이란 존재는 결혼, 육아와 함께 '나'로서 온전히 존재하기 어려운 나라이다. 특히 용어에서 존재성을 어떻게 부여하는지 보면 한국과 프랑스 간에 확연한 차이가 나타난다. 한국에서 결혼하면 누군가의 와이프, 처, 집사람으로 불리는 경우가 많다. 엄마가 되면서 완전히 자아가 소멸하기도 한다. 나는 그대로 인데 존재부터 역할까지 누군가의 엄마가 될 때가 많다.

프랑스에선 결혼과 출산 후에 호칭에서 큰 변화가 없다. 물론 남편의 성을 따르긴 하지만 여전히 성보다는 이름으로 부른다. 게다가 아이를 낳더라도 누군가의 엄마가 아닌 나로서 존재한다. 알게 모르게 우리는 용어가 주는 존재감과 역할에 나를 너무 쉽게 내어놓는다.

프랑스에 살면서 '경력 단절'에 대해서 깊이 생각해 본 적이 없었다. 나의 의지로 인해 '경력 변경'이 있을 수는 있어도 '경력 단절'이 있을 것이라고는 상상도 하지 못했다. 게다가 프랑스에서 일하는 여성들의 경력 단절을 느낄 수 없었기 때문이기도 했다. 우선 프랑스에는 출산 때문에 '경력 단절'이라는 단어를 쓸 일이 없다.

매일같이 보던 여성 동료들의 임신 소식을 제일 처음 접하곤 했다. 오랫동안 몸담은 회사에서 셋째 아이를 갖는 동료, 첫 임신을 하는 동료, 입사하자마자 3개월 만에 임신을 한 동료 등 매년 임신과 출산 소식이 끊이지 않았다.

한국처럼 프랑스 동료들도 회사에 임신 소식을 알리기 위해 최적의 타이밍을 찾곤 했다. 회사에서 임신 소식을 꺼리는 사람은 딱 한 사람이었다. 사람을 새로 찾아야 하는 인사 담당자 외에 같은 부서에서 일하는 동료들은 임신 소식에 함께 기뻐하고 축하했다. 임신했다고 해서 그 사람의 일이 다른 동료한테 전가되지 않기 때문에 누군가 임신을 했다는 사실이 부담되지 않았다.

회사는 임신한 여성 동료가 출산휴가를 시작해서 마치고 돌아오는 기간까지 대체할 수 있는 인력을 고용해야만 하는 의무가 있다. 혹시나 출산휴가를 쓰고 육아휴직을 쓸 것을 고려해 대체인력의 근무 기간을 더 길게 통보하는 경우도 있었다. 출산을 한 직원의 아이가 잘 크고 있다는 카드 메세지를 받으면 회사에 게시판에 붙여두고 같이 행복해했다.

출산휴가를 마치고 회사에 돌아오면 분명 출산 전과 출산 후의 모습은 달라 보였다. 퇴근 시간을 더 칼같이 지켜 아이를 찾으러 가야 했고, 가끔 아이가 아프면 하루 휴가를 내는 것도 일쑤였다. 경제활동과 육아를 병행하는 것이 힘든 점은 물론 존재했지만 빠르게 퇴근을 하고 아이를 보러 갈 생각에 웃음꽃이 피어났다.

육아와 직장생활 병행이 어려운 고비가 나타날 때가 있다. 갓난아이가 밤새 울어 잠을 한숨도 못 잤을 때, 아이가 아파 회사에 있어도 아이 걱정에 일이 손에 잡히지 않을 때, 그냥 육아가 힘들다는 생각이 문득 들 때 프랑스 엄마도 힘든 순간이 있다.

그럴 때면 프랑스의 제도가 빛을 발했다. 긴 유급휴가와 RTT^Réduction du temps de travail^를 적절한 순간에 쓰곤 했다. 일 년 5주 휴가와 중간 쓸 수 있는 RTT 휴가는 한 숨 돌릴 기회를 주고 충전할 시간을 주곤 했다. 근무시간 유연제로 하루 7시간을 채워 일할 수 있다면 8시 퇴근하고 4시 퇴근하는 것도 가능하게끔 제도를 만들었다. 게다가 수요일에 등교하지 않는 초등학교 자녀를 둔 부모는, 수요일 오후는 아이들과 시간을 보낼 수 있게 회사에서 근무시간을 조정해 주었다.

집안에서 남녀의 역할도 조정되었다. 여성들이 일을 마치고 귀가하는 시간에 맞춰 대체로 남자들도 이른 시간에 퇴근을 했다. 아이를 갖기 전보다 퇴근 시간을 앞당겨 집으로 돌아왔다. 회식이야 원래 존재하지 않으니 가정을 함께 돌보는 게 더 수월할 수밖에 없었다. 여성 동료들의 남편들은 대체로 가사분담을 정확히 했다. 여자가 아이를 더 많이 돌보는 가정이라면 남자들은 나머지 가사 활동을 맡아서 했다. 평일에 여자가 육아해야 하는 시간이 더 많다면 남자들은 저녁 준비, 설거지, 집 안 청소를 했다. 주말에는 지친 여자들을 위해 하루 종일 남자들이 아이를 보았다. 아내에게 주말만큼은 자유를 주기 위해 남자들이 자진해서 육아를 자청했다.

프랑스는 여자들에게 슈퍼우먼이 되라고 말하지 않는 사회다. 그리고 여성들도 본인들이 슈퍼우먼이 되기를 거부한다. 남자와 여자가 공평하길 바란다. 남자가 경력을 쌓고 평화로운 가정을 이루려고 하는 마음과 똑같이 여자들도 경력을 지속적으로 쌓아나가는데 아무도 눈총을 주지 않는다. 오히려 남자들이 나서서 엄마가 되었다고 엄마의 역할에만 집중하라고 이야기하지 않는다. 엄마가 되었어도 본인 자신으로서, 여자로서 행복한 사람이길 바란다.

한국에서는 여자로서 편안한 삶을 살기 위해 공무원이 되라는 말을 수천 번도 더 들었다. 남자들에게는 잣대를 만들지 않으면서 여자들은 가족을 위해, 아이를 위해 자신의 의지와는 상관도 없는 미래까지 결정지어주기를 참 좋아한다. 여자들이 공무원이 되어야지만 편안한 사회가 아니라 어떤 직업을 선택해도 경력과 육아가 병행 가능한 사회가 되어야 한다. 왜 여자가 사회의 틀에 맞춰야만 하는지 가끔 화가 날 때가 있다. 분명 이것은 사회가 여성들에게 가하는 폭력이나 다름없다.

나는 프랑스 사회에서 여자에서 엄마로 변화해도 무섭지 않을 것 같다. 엄마이기 때문에 더 많은 역할극을 기대하지 않는 사회에서 살 수 있다는 것은 정말 행운이다. 여자인 나의 모습과 엄마인 나의 모습도 모두 존중받을 수 있는 국가의 제도와 회사의 운영방침 및 튼튼한 가정은 어떤 보험보다 더 든든하다. 프랑스는 지금도 매일 여성의 복지에 대해 남자들이 고민한다. 육아와 가사에 적극적으로 참여하는 남자들이 만들어 내는 복지란 어떤 것일지 매우 기대된다. 나는 이런 프랑스에서 여자로 살고 엄마로 살고 싶다.

005

# 나눌수록 **커지는** 행복복리

나는 오랜 유교의 가르침 중에 '수신제가치국평천하'라는 말을 믿는다. 공동체의 행복의 근본에는 개인의 수양과 행복이 전제가 된다. 스스로가 수양 되지 않고 행복하지 않다면 가정과 나라 나아가 천하를 다스릴 수 없다. 집을 지을 때도 가장 기초인 뼈대가 튼튼해야 부실 공사를 막을 수 있듯이, 핵심인 '나'라는 존재가 육체적으로 정신적으로 건강해야 한다.

곰돌이 푸우의 명대사 "매일 행복하진 않지만, 행복한 일은 매일 있어!"처럼, 나의 삶에도 파도가 넘실대고 가파른 언덕이 있을지라도 매일 행복한 순간을 포착한다. 마음의 고요와 평정을 찾아 헤맨 시간이 자그마치 10년이 훌쩍 넘었다. 행복한 순간이 있어도 마음이 황무지 같을 때는 행복을 보지 못했다. 마음의 땅을 갈고 비옥하게 가꾸자 비로소 슬픔과 역경에도 감사함을 찾을 수 있는 여유가 생겼다. 스무 살 초반의 나보다 지금의 나는 훨씬 더 성숙했다는 걸 느낀다.

내가 겪은 행복과 마음의 평화에 이르는 여정을 나누고 싶은 마음이 들었다. 시행착오를 최대한 줄이면서 지금 행복해질 방법을 알려줄 수 있다면 얼마나 좋을까. 매슬로우의 인간의 욕구 5단계를 보면 단계적으로 인간의 욕구가 발전한다. 인간의 욕구 가장 맨 꼭대기에 있는 '자아실현의 욕구'는 나머지 4개의 욕구를 충족했을 때 발현한다고 한다. 그러나 나는 인간의 욕구는 단계로 발전하는 것보다 좀 더 복잡한 양상을 띤다고 생각했다.

일차적인 생리적 욕구가 해결되지 않았어도 높은 차원을 갈망할 수 있다. 가난에 굶주리지만 꿈꿀 수 있는 것처럼 말이다. 무엇보다도 아프리카에서 만난 난민 아동들이 배고프더라도 이루고 싶은 꿈만큼은 한계를 두지 않기를 바랐다. 그리고 더 가깝게 나와 관계 맺고 있는 사람들은 나로 인해 한순간이라도 행복할 수 있기를 바랐다.

나는 누군가의 꿈의 동행자가 될 때 행복하다. 지속해서 '나는 안 될 거야!'라고 이유를 만들어 내는 사람들에게 한계를 부수고 나올 수 있는 망치가 되어줄 때 기쁨을 느낀다. 또래뿐 아니라 위아래로 10살 이상 차이 나는 사람과도 꿈을 나눈다. 나이가 많다고 해서 앞으로 삶을 어떻게 살아야 할까 하는 질문에 명확한 답을 가지는 건 아니다. 고민한 깊이만큼, 경험을 통한 성장의 크기만큼 사람의 꿈도 발전한다.

진취적으로 나아갈 힘을 주는 방법이 무엇일까 고민하다 SNS에서 해답을 얻었다. 책을 좋아하고, 사람을 좋아하고, 주변 사람들이 행복하길 원하는 마음을 모두 합친 나만의 SNS 계정을 만들었다. 책을 소개하면서 나의 성장기를 기록하면 자연스럽게 그 성장기를 보면서 사람들이 책에 관심을 두게 된다. 자신의 상태에 꼭 맞는 책을 읽은 사람들은 저마다 성장기록을 또 공유한다. 처음에는 미미한 영향력에 그쳤지만, 책을 통해 소통하는 모습을 지켜봐 온 주변 사람들은 이제는 궁금한지 먼저 물어봐 주는 사람들이 늘었다.

"소라야, 도대체 어떻게 해야 잘 살 수 있어?"

"마음속에 간직한 꿈, 세상 밖으로 꺼내! 그리고 너의 꿈으로 더 많은 사람을 도와줘"

그렇게 나는 한 명 한 명의 꿈의 동반자가 되기 시작했다. SNS에 행복한 모습만 비치지 않았다. 힘든 날에는 위로를 받았고, 꿈에 부풀어 오른 날에는 응원을 받았고 예쁜 모습엔 칭찬을 받았다. SNS에도 희로애락이 있을 수 있구나. 가짜 행복과 과시적 소비가 만연한 SNS에서 나는 오히려 더 진지하게 소통했고 즐거움을 찾았다.

누군가의 꿈의 동반자가 된다는 것은 한 사람에게 깊이 관심을 두는 것과도 같다. 본인이 알지 못하는 관심사를 함께 관찰하고 발견하는 역할도 있기 때문이다. 그래서 나와 관계 맺은 사람들은 한 사람 한 사람 유심히 살핀다. 좋아하는 음식, 평소 즐겨 입는 옷 스타일, 관심사, 현재 하는 공부, 앞으로 하고 싶은 꿈 등 사소한 것도 놓치지 않고 본다. 무엇을 하고 싶은지 모르는 사람들은 본인의 마음의 소리에 귀 기울이는 습관이 부족한 것뿐이다. 자주 반복적으로 마음을 자세히 들여다보고, 깊이 관찰하면 자신이 무엇을 원하는지 너무나 명확하게 찾을 수 있다.

첫 단계를 통해서 관심 분야를 찾았다면, 그 다음에는 관심 분야의 유니크한 창조자가 되길 권유한다. 관심사에만 그치지 말고 커리어로 만들 수 있도록 돕는다. 지금까지는 관심사를 즐기는 향유자나 소비자에 그쳤다면 그 다음 단계로 넘어가라고 유혹한다. 이제는 소비하지 말고 창조하자. SNS에 관심사를 공유하고 컨텐츠를 만들어 내는 창작자의 길로 안내한다.

물론 거부 반응이 가장 심하게 나타나는 단계이기도 하다. 시간이 부족하거나, 자본이 없거나, SNS를 운영하기 버거운 것으로 딱 세 부류로 나뉜다. 단번에 소비자가 창조자가 되는 건 쉬운 일은 아니다. 창조자보단 소비자로 사는 삶이 더 편하기 때문이다. 나는 강요하지 않는다. 마음의 불은 지피지만, 행동으로 옮기는 것은 본인의 의지에 달렸다는 것을 누구보다 더 잘 알기 때문이다.

개인계정으로 운영하던 SNS를 전문 컨텐츠로 다루는 계정으로 바꾸려면 우선 상호명, 소개 문구, 사진이 필요하다. 아주 사소한 것 같지만 창작자로 가는 첫걸음이다. 나만의 브랜드를 갖는다는 것은 생각보다 더 가슴 뛰는 일이다. 4차 산업혁명의 길로 들어선 우리에게는 더 나 할 나위 없는 좋은 기회일 수 있다. 플랫폼이 생기기 전에는 자본이 있어야지만 가능한 행위들이 지금은 무자본으로 언제 어디서나 가능하다. 하고 싶은 마음만 있다면 정보 소비자에서 창조자가 되는 것은 시간문제다.

나만의 브랜드 이름을 정하고 나면 나를 간단하게 소개는 문구 몇 문장 정도 그리고 개성을 잘 드러내는 사진을 준비한다. 처음 사진 게시 때부터 반응이 그렇게 크지 않아 실망할 수도 있다. 하지만 꾸준히 관심과 애정이 어리게 키워야 한다. 나는 그런 SNS를 마치 어렸을 때 게임을 했던 '다마고치'를 키운다고 생각했다.

조금씩 반응이 오는 것을 느끼면서 사람들은 소소한 행복을 느끼고 좀 더 관심 분야를 전문적으로 발전시킬 힘을 얻는다. 나는 주변 친구들이 꿈을 지속적으로 이뤄나갈 수 있도록 자양분을 제공한다. 절대 혼자 읽기 아까운 책들을 공유하고 생각을 나눈다. 그러면서 그 친구들은 나의 꿈의 든든한 지원자가 되어주고 심지어 팬까지 생긴다. 서로서로 꿈의 동반자가 되어 성장하는 것을 지켜본다.

첫발을 디디기 어려운 것만 옮기도록 도와주었을 뿐인데 참 많은 변화를 목격한다. 무엇보다 눈에서 총명함이 보인다. 지금 현 상태에서 1년이 지나도, 10년이 지나도 변화가 없을 것 같은 무기력한 삶에서 하루하루 변화를 느낀 사람들은 그 흥분감을 감추지 못했다. 내가 노력하는 만큼 매일 성장할 수 있다는 사실을 안 사람들은 속도를 낸다. 그리고 그 여정을 충분히 즐기고 있다는 것을 이야기해준다. 나는 나의 꿈을 그려나가는 것뿐만 아니라 주변 사람들의 꿈을 함께 그려나가면서 삶이 풍성해짐을 느낄 수 있다. 나눌수록 더 커지는 행복에 더 많은 사람이 동참하길 그리고 전 세계로 뻗어 나갈 수 있기를 바란다.

006

# 인생, '나'라는 학교에서 배우다

학업을 위해 전진했던 10대, 사회에 쓸모 있는 사람이 되고자 부단히 달렸던 20대를 지나 온전히 내 선택에 따라 달라지는 30대로 접어들었다. 내가 원하는 대로 살았다고 자부하면서도 10대와 20대를 사회가 원하는 사람이 되고자 하는 데 시간을 많이 소비했다는 걸 깨달았다. 사회가 기대하는 숙제를 어느 정도 끝내고 나니 30대는 온전히 나를 위한 시간으로 보내겠다는 다짐을 한다.

내가 한국에서 겪었던 10대와 20대는 내가 진짜 원하는 것보다 사회에 틀에 맞춰서 살기를 강요받았던 시기이기도 하다. 모로 가도 서울로 대학을 가야 했고, 적성과 안 맞는 일이어도 공무원이 되거나 대기업에 들어가는 게 집안의 자랑거리던 시절이었다.

지금도 한국의 30대는 사회가 내준 나머지 숙제를 여전히 뒤따라가고 있는지도 모르겠다. 결혼 적령기가 되면 결혼을 하고, 양가 부모님의 기대에 부응하여 출산하고, 집 평수를 늘리려 부단히 과제를 수행하고 있는 사람이 많을 것이라는 걸 안다.

파리에 사는 나는 그런 사회의 요구에서 조금 더 자유로울 수 있었다. 그동안 사회적인 강요로 여겨졌던 것을 개인의 자율적인 선택을 존중하는 사회에 속해있기 때문이었다. 게다가 프랑스 문화 내에서 직장인으로 살면서 승진에 대한 부담도 경력 단절에 대한 걱정도 혹은 회사에 보여주기 위한 영어 점수를 제출할 일도 없다. 오히려 겉으로 보이는 스펙의 중요성이 줄어드니 정말 내가 성장할 배움과 경험을 찾아 나설 기회가 생긴 것이다.

이제는 내 수준에 맞춰서 알아서 내 삶을 꾸려나가야 한다. 앞서서 지도하는 선생님도 부모님의 걱정도 사라지고 나니 온전히 30대는 내가 순간 선택하는 것에 따라 확연히 다른 결과를 가져온다는 걸 깨달았다. 내 인생의 주인으로 홀로서기를 하는 시간이 다가온 것이다. 30대의 인생은 스스로가 배움을 제공하는 '학교'인 셈이다.

그래서 20대보다 더 치열하게 홀로서기를 대비하는 공부를 해야 하는 때이다. 경제적으로 온전하게 독립하기 위한 공부도 필요하고 정신적으로도 단단해지는 훈련을 해야 한다. 어디 그뿐 만이랴. 책을 통해 교양을 쌓고 세계가 변화하는 흐름을 읽고 예의주

시해야 하는 것도 필요하다. 우리가 인지하지 못하는 사이에 4차 산업혁명의 도래에 맞춰 사회는 점차 빠른 속도로 변화하고 있고 영향을 미치고 있다.

현재 사회는 탈중심화가 되어가고 있고 개인에 관한 관심이 높아지는 추세이다. 예를 들어 요즘은 광고를 보고 어떤 유명 브랜드를 소비하고자 하는 욕구가 전보다 현저히 줄어들고 있다. 유명 럭셔리 브랜드의 최근 매출액 증가율이 큰 폭으로 떨어진 것을 보면서 역으로 추적할 수 있다.

개인들과 소통하는 채널들이 증가하면서, 소비자들은 연예인을 따라 하고자 하는 욕구보다 나와 비슷한 '개인'에게 흥미를 갖는다. 나와 비슷한 환경에 있는 사람들의 삶의 질을 직접 목격하면서 좀 더 빨리, 쉽게 삶의 질을 높이고 싶어 하는 것이다.

이미 지금도 회사가 한 개인에게 평생직장을 제공하지 못하는 추세이지만 점점 이런 현상은 가속화 될 것이다. 원하는 대학에 입학하기 위해, 남들이 모두 선망하는 회사에 취직하기 위해 스펙을 쌓는 시기는 끝났다. 진짜 내가 좋아하는 것을 찾고, 남들보다 더 깊이 탐구하는 사람이 더 선망받는 시대가 올 것이다.

친구를 상대로 설문조사를 한 적이 있다. '퇴직연금을 받기 위해 평균 40년 이상 꼬박 일을 해야 하는 것에 대해 어떻게 생각하는가?' 라는 질문이었다. 100명 정도를 설문 대상자로 삼았다. 프랑스 뿐 아니라 전 세계로 퍼져있는 프랑스인, 한국인, 미국인, 중국인이 설문 대상자로 선정되었다. 신기하게도 100명 중 95%는 '40년 꼬박 일해서 연금 받아야지' 라고 주저 없이 대답했다. 그리고 나머지 5%인 5명만이 '나만의 길을 찾아야지' 라고 대답했다.

안타깝게도 한국에 있는 한국 지인들이 '나만의 방법'을 찾겠다고 대답한 사람은 없었다. 설령 마음은 굴뚝같더라도, 딱히 새로운 도전은 꿈꿀 수 없다고 대답했다. 최근 68시간인 법정 노동시간이 52시간으로 줄어들었지만 다른 생각을 할 마음의 여유가 없다는 것이다. 그야말로 쳇바퀴를 돌면서 빠져나오기 위해서는 잠깐 멈춰야 하는데 멈추는 법도 잊어버린 격이다.

퇴직연금 제도가 튼튼하게 마련된 프랑스에서 직장인으로 살아간다는 것은 한국의 공무원으로 살아가는 것과 다름없다. 주 35시간을 일하며 연간 5주간의 휴가를 가는 사람들에게 퇴직까지 일하는 것은 별다른 어려운 점은 아닐 수 있다. 노동법이 강한 나라에서는 함부로 직원을 해고할 수도 없으며, 초과근무를 마음껏 시킬 수 없고, 직원들의 목소리가 커지는 것에 항상 대비해야 하니 노동자의 천국이라고 해도 과언이 아닐 것이다.

아이러니하게도 프랑스에서 설문을 진행했던 지인들은 '자신만의 살길'을 위해 더 치열하게 노력하는 사람들이었다. 안전한 노동환경에서 있으면서 1%의 사람들은 진짜 자신만의 삶을 위해 매일 새로운 것을 설계해 나가고 있었다. 평소 직장에서는 회사의 업무에 충실하고 나머지 개인적인 시간은 본인의 '미래'를 설계하는 데 집중했다.

자신이 전문적으로 지식을 쌓은 분야에 대해서 컨텐츠를 생성하고, 사람들과 공유하고 시장에서 가치를 평가해 본다. 소비자의 반응을 바로 직감할 수 있는 채널을 통해 수정해나가고 피드백을 끊임없이 내놓는다. 낮에는 직장인, 밤과 주말에는 꿈 설계가로 부지런하게 움직였다.

부지런하게 미래를 준비하는 1%를 보면서, 내가 포기하지 않는다면 여전히 사회를 바꿀 수 있는 사람이라는 것을 깨달았다. 진정한 내 인생의 주인이 되어 30대는 좀 더 과감하게 모험을 택하는 삶을 살아보려고 한다. 이미 직장을 다니면서 '작가'가 되는 과정이 나에게는 큰 모험이었다. 주어진 일을 생각하지 않고 기계적으로 수행하는 일에 벗어나 매일 새벽과 저녁만 되면 창작자가 되어야 하는 과정은 녹록치 않았다.

하지만 세상에 없던 글을 만들어 내는 창작자의 삶을 그 어떤 인생의 챕터 보다 즐거웠다.

무엇보다 지금까지 내 인생에 형제가 없는 크고 작은 실패와 성공들을 글로 바꾸는 과정이 가슴 벅찼다. 그리고 성공과 실패를 반복하는 과정에서 매번 성장한 나를 책을 통해 독자들과 공유하는 장면들을 상상할 때마다 힘이 불끈 솟아나곤 했다. 내 인생 학교에서 이제 막 작가의 역할을 맛보았다. 가능하다면 더 다양한 역할을 해보려고 한다.

007

# 나는 매일 **파리로** 출근한다

매일 아침 지하철을 타고 출근길에 오른다. 서울 지하철처럼 깨끗하고 에어컨도 빵빵하게 잘 나오고 인터넷도 터지면 좋으련만 아쉬움 투성이다. 그래도 이제는 파리 생활이 적응되었는지 이런 파리 지하철을 보면서 수용하는 단계까지 왔다.

외관이나 유지 상태만 보면 분명 부족함 투성이지만 '프랑스의 진면목'은 지하철 내부를 매운 사람들에서 나타난다. 각 나라의 지하철을 꽉 매운 사람들을 보면 그 나라의 인종이 얼마나 섞여 있는지 짐작할 수 있다. 특히 아침 출근 시간이라면 관광객들이 아닌 실제 생활하는 사람들이 얼마나 다양하게 구성되어있는지 확연하게 드러난다.

파리의 아침 출근길 지하철에서는 매일 아침 백인종, 황인종,

흑인종에 혼혈까지 모두 마주칠 수 있다. 나는 습관처럼 가끔 탑승객들의 인종 구성은 어떻게 되었는지 관찰할 때가 있다. 지하철 노선 혹은 구간마다 다른 인종 비율을 볼 수 있다. 하지만 단 한 번도 한 인종으로만 구성된 지하철은 볼 수 없었다. 모두 프랑스인이어도 나는 황인종 그리고 한국인이었기 때문이다.

학생일 때는 이방인의 온갖 서러움과 부당함만을 보고 프랑스를 그렇게도 미워했다. 프랑스어가 부족해서, 이방인이라서, 아직 학생이라는 온갖 이유를 붙여대며 나는 완벽한 나로 존재하지 못했다. 그런데 돌이켜보니 그 시절 일상에서 가장 중요한 것을 놓치고 있다는 것을 알았다. 그러다 문득, 통학 길에는 느끼지 못한 프랑스의 위력을 출근길에서 찾았다.

파리의 오래되고 낡은 지하철 안에는 세계가 있다. 그리고 난 매일 그 세계와 함께 이동한다. 인종보다 더 다양한 건 언어이다. 온갖 종류의 프랑스어부터, 영어, 중국어, 일본어, 아랍어, 스페인어 등등 다 열거하기 어려울 정도로 많은 언어와 마주친다. 다름을 다 포용하기 위해서 불협화음이 나타나는 건 어찌 보면 당연할지도 모르겠다. 그러나 그런 소수까지도 화합하려는 모습에서 프랑스라는 나라는 개인의 자유와 평등을 목청껏 외치고 있는 건 아닐까.

그도 그럴 것이 내가 가장 연약해졌을 때, 프랑스 제도들은 나를 지탱해 주었다. 항상 생활비가 부족했던 학생일 때는, 정부 주거 보조금Allocation이 큰 도움이 되었다. 비싼 월세를 감당하기 힘든 학생들에게 프랑스 정부는 주거 보조금을 통해 학생들의 연약함을 보호해 주었다. 행정적인 절차가 복잡한 건 사실이지만, 매달 꼬박꼬박 받을 수 있었던 보조금에 안도가 되었다.

유학 초기에는 의사와 진료 예약을 잡기도 어렵고 가격이 비싼 프랑스에서 건강보험의 중요성을 잘 몰랐던 때가 있었다. 그렇게 반신반의하며 들어둔 국민보험Carte Vitale은 비싼 의료비의 70%를 환급해주었다. 직장인이 되면서 직원들에게 사보험Mutuelle 가입의 의무가 되면서 나는 나머지 30%까지 완벽하게 보장받았다. 프랑스인들과 동일한 비용으로 나의 건강과 안녕을 보호받았다. 그렇게 나는 법 앞에서 또 한 번 평등함을 느꼈다.

그런 나에게도 가장 버거운 건 프랑스의 세금 제도였다. 한국으로 따지면 4대 보험과 비슷한 항목으로 사회보장세가 매달 월급의 3분의 1을 차지했다. 그리고 1년에 한 번 납세의 의무를 다하려면 5월경에 소득신고를 해야 한다. 놀랍게도 아직 프랑스는 원천징수가 아니다. 소득세 원천징수제도는 2019년부터 시작될 예정이다.

매달 나가는 사회보장세도 크지만, 세금까지 계획하다 보면 매달 저축 금액에 적지 않은 금액이 세금으로 나가는 걸 알게 된다. 미래를 위해 저축을 하는지 아니면 세금 내기 위해 저축하는지 의아할 때가 있다.

그런 내 생각을 망치로 깨부수는 사건이 있었다. 프랑스에서 다니던 첫 회사를 그만두고 나서 실직자가 되었을 때 느꼈던 감정이라며 한 지인이 이야기를 들려주었다. 실직하고 나면 노동청Pole emploi에 실업자라고 등록하는 과정을 거쳐야 한다. 그 후에 실업급여를 받기 위해서는 의도적인 실업 상태가 아닌 불가피한 실업 상태임을 꾸준히 보여줘야 한다. 그래서 노동청에서 연결하는 인터뷰도 의무적으로 몇 번 이상 참여해야 실업급여 대상으로 인정이 된다.

놀라운 건 노동청에서는 온 힘을 다해 가장 알맞은 직업을 찾는데 주력한다는 것이었다. 단연 실업급여가 나가는 것을 막는 것만은 아니었다. 몇 시간 동안 노동청 직원과 인터뷰를 하며 그동안 쌓아온 경력을 다시 되짚어 보며 가장 강점이 무엇인지 같이 발견하는 시간을 갖는다고 했다. 그리고 개인이 가진 장점을 드러내는 이력서 작성법을 같이 적용하여 공신력 있는 사이트에 올린다. 단지 실업률을 낮추려고 급급하게 경력에 안 맞는 일자리를 소개하지 않는다는 것이었다.

같은 이야기를 프랑스인과 한국인에게 각각 들었다. 프랑스는 자국민인 프랑스인에게도 그리고 나 같은 한국인에게도 똑같이 기회를 준 것이다. 납세의 의무를 충실히 한 사람에게 동등하게 실업급여를 받을 기회, 새 직업을 찾을 기회를 동등하게 제공했다. 이 이야기를 해준 프랑스인과 그리고 한국인 친구 둘 다 '내가 프랑스에 산다는 건 행운이야' 라고 말했다. 그래서 세금을 낸다는 것은 그만큼 자신들의 권리를 보호받는 것이라는 걸 알기에 세금 내는 것에 주저하지 않는다고 했다.

나와 다른 문화, 사람들을 포용하려는 힘에서 프랑스의 위력이 발휘한다. 짧게만 살았더라면 프랑스의 이런 매력을 모르고 떠났을 것이다. 겉으로 언뜻 보기에도 파리는 눈부시게 아름다운 도시이다. 하지만 짧은 시간만 보낼 수 있는 여행객은 프랑스 삶의 고충을 잘 모를 테고, 프랑스의 진가를 모르고 떠난 사람들은 프랑스를 아직 애증의 대상으로 삼고 있을 터이다. 충분히 오랫동안 프랑스를 겪고 나면 사람에 대한 애정이 깊은 나라라는 걸 알 수 있다. 프랑스가 내세우는 자유, 평등, 박애를 깨닫기까지 수많은 시행착오와 시간이 걸렸지만, 결국 나는 그것을 보았다.

사람에 대한 깊은 애정과 이해가 있기에 불협화음을 내면서도 한 곳에 어울려 살고 있다는 것을 느낀 후로 프랑스에 깊은 고마움을 느꼈다. 어느 삶의 모습과 비슷하게 프랑스에도 외로움과 행복, 따듯함과 차가움이 동시에 존재한다. 그러나 나는 프랑스에서 개인으로서 자유롭고 평등하며 사랑받고 있다는 걸 안다.

그래서 나는 나의 두 번째 나라 같은 프랑스를 사랑할 수밖에 없다. 기회가 된다면 혹은 기회가 닿지 않는다더라도 꼭 기회를 만들어서 프랑스에서 오래 머물기를 추천한다. 프랑스의 진짜 모습을 알 때까지 말이다.

나는 파리에서
당당하게 사는 법을 배웠다

초판 1쇄 인쇄 2018년 10월 24일
초판 1쇄 발행 2018년 11월 1일

지은이 김소라
펴낸이 우세웅
기획총괄 우민
기획편집 이지현
기획마케팅 정우진, 신이원
북디자인 신은경

펴낸곳 슬로디미디어그룹
신고번호 제25100-2017-000035호
신고년월일 2017년 6월 13일
주소 서울시 서대문구 불광천길 116, 2층 (북가좌동) 203호
전화 02)493-7780
팩스 0303)3442-7780
전자우편 wsw2525@gmail.com (원고 투고)
홈페이지 http://slodymedia.modoo.at
블로그 http://slodymedia.xyz
페이스북・인스타그램 slodymedia



ISBN 979-11-88977-16-1 13190



이 도서의 국립중앙도서관 출판예정도서목록(CIP)은 서지정보유통지원시스템 홈페이지(http://seoji.nl.go.kr)와 국가자료공동목록시스템(http://www.nl.go.kr/kolis-net)에서 이용하실 수 있습니다.
(CIP제어번호 : CIP2018033970)